Podemos cortar flores...
la primavera no se detiene

Eugenia Renata

/LIBRIS

Título original:
Podemos cortar flores...
la primavera no se detiene

© Eugenia Renata 2004

DIAGRAMACIÓN: Equipo de Arte de Longseller
CORRECCIÓN: Equipo de Arte de longseller

Libris es un sello de Longseller

Longseller S.A.
Casa matriz: Avda. San Juan 777
(C1147AAF) Buenos Aires
República Argentina
Internet: www.longseller.com.ar
E-mail: ventas@longseller.com.ar

> Renata, Eugenia
> Podemos cortar flores... la primavera no se detiene.- 1ª ed; 1ª reimp.-
> Buenos Aires: Libris, 2004
>
> 240 p.; 20x14 cm
>
> ISBN 987-1128-22-3
>
> 1. Literatura Chilena. I. Título
> CDD Ch860

Queda hecho el depósito que marca la ley 11.723.
Impreso y hecho en la Argentina.
Printed in Argentina.

Ninguna parte de esta publicación, incluido el diseño de la tapa, puede ser reproducida, almacenada o transmitida de manera alguna ni por ningún medio, ya sea electrónico, químico, mecánico, óptico, de grabación o de fotocopia, sin permiso previo del autor.

Esta edición de 10.000 ejemplares se terminó de imprimir en la Planta Industrial de Longseller S.A., Buenos Aires, República Argentina, en mayo de 2004.

INTRODUCCIÓN

Podemos cortar flores...
la primavera no se detiene.
La vida es cambio,
y sólo el cambio es permanente...
Podemos juntar conocimientos
y aparecen siempre más...
La naturaleza es dadora incondicional
y nos ofrece a todos por igual,
tanto flores como conocimientos...
"La lluvia hace crecer flores en un jardín
y también espinos en un pantano,
en sincronicidad e interdependencia..."
Que disfrutes de estos cuentos
y que descubras sus mensajes escondidos,
para con alegría sentirlos y vivirlos,
porque lo importante no es un libro
sino lo que hacemos de nuestras vidas
con los conocimientos que nos ofrece
y que si llegan a nuestro corazón
y luego los llevamos a la acción,
pasan a ser propios y originales...
Por eso nuestro maestro es nuestro corazón.
Él no se equivoca, la mente sí.
Los cantos del final,
son especialmente para ti...

Eugenia Renata

1

Ojalá opines sin aconsejarme…
Ojalá confíes en mí sin exigirme…
Ojalá me oigas sin juzgarme…
Ojalá me cuides sin anularme…
Ojalá me mires sin proyectar tus cosas en mí…
Ojalá me sostengas sin hacerte cargo de mí…
Ojalá me protejas sin mentiras…
Ojalá lo recibas y no pretendas cambiarme...

Ojalá descubras que puedes contar conmigo…
sin condiciones.

2

Una vez, hace muchos años, un viejo mulato, quien era muy sabio pero pobre y rechazado por la sociedad en que vivía, emprendió viaje, en su eterna búsqueda, acompañado por su amigo de siempre. Cansados y hambrientos llegaron a un pueblo cuando ya era de noche, pero ahí nadie los aceptó, ni quisieron alojarlos. Hacía frío, estaban cansados y hambrientos, y se sentaron bajo un frondoso árbol en las afueras del pueblo.

El amigo estaba deprimido, triste y enojado.

De pronto, escuchó al viejo mulato decir:

"Dios, eres maravilloso, siempre me has dado lo que necesito! Esta noche necesito tener hambre y frío y estar en peligro..., sino ¿por qué y para qué lo estaría viviendo? Debe ser lo que necesito, y debo estar agradecido...!".

El amigo muy enojado se dirigió al viejo:

—¡Para, negro! ¡Qué dices! ¡Tus palabras son falsas! Estamos hambrientos, sin refugio, con frío y rechazados por la gente!

¡Cómo vas a dar las gracias!

—Escucha amigo, hagamos la prueba juntos, dilo conmigo tratando de comprenderlo, y te sorprenderás...

El amigo, resignado, probó repetir esas tres oraciones, y luego, extrañamente, comprobó que se sentía mejor. Entonces, se preguntó a sí mismo: "Y si ahora me pongo a bailar de alegría debería sentirme aun mejor?". Se levantó, y bailó, y descubrió que su tristeza era una belleza, y le gritó al viejo:

—Alquimia! Ésta es la famosa alquimia: la transformación de un metal cualquiera en oro puro! Descubrí el oro!

El mulato se alegró, y mientras ambos bailaban y se reían, un carro pasó, con dos jóvenes, que se detuvieron frente a ellos, por la curiosidad y la alegría, resultando aceptar ambos la invitación a pernoctar en las casas de aquellos jóvenes...

3

Había una vez un zar, que descubrió que uno de los botones de su chaqueta preferida, se había caído. Autoritario y cruel, furioso por la ausencia del botón, mandó a buscar al sastre y ordenó que a la mañana siguiente fuera decapitado, por el hacha del verdugo. La guardia fue hasta la casa del sastre y arrancándolo de entre los brazos de su familia, lo llevó al palacio para preparar su muerte. Al atardecer cuando el guardia-cárcel le llevó al sastre la última cena, éste meneó su cabeza y musitó… "Pobre zar… Acaso no sabes qué es lo más importante para él?" le preguntó al guardia. "Supongo que su pueblo, los diamantes!", creyó adivinar el carcelero. ¡No! ¡Es su oso! Mañana cuando el verdugo termine conmigo, el zar perderá su única oportunidad para conseguir que su oso hable." "Acaso eres entrenador de osos?" "Sí. Es un viejo secreto familiar." Queriendo ganarse los favores del zar, el pobre guardia corrió a contarle al soberano su descubrimiento, y el zar, encantado, mandó buscar al sastre, y le ordenó que le enseñara a su oso a hablar. "Me encantaría complacerle, ilustrísima, pero es tarea ardua y me lleva tiempo… Si el oso es inteligente, puede ser que el aprendizaje dure no menos de dos años." El zar pensó un momento y ordenó: "Tu pena será suspendida por dos años mientras entrenas al oso, ¡y mañana empezarás! Tu familia estará bajo protección real y serán vestidos, alimentados y educados con el dinero del zar; pero si dentro de dos años el oso no habla, te arrepentirás…. ¡Guardias…! que lleven al sastre a su casa en el carruaje de la Corte y denle dos bolsas de oro, comida y regalos para sus niños! Fuera!" Cuando todos en la casa lloraban por la pérdida del padre de la familia, apareció el sastre en el carruaje del zar, sonriente y con regalos para todos, exitoso y acaudalado. Cuando estuvieron a solas, el sastre contó a su familia lo sucedido. La mujer le dijo: "¡Estás loco! ¡TÚ enseñar a hablar a un oso, si no has visto nunca a un oso de cerca! ¡Estás loco!" "Calma mujer…, me iban a cortar la cabeza mañana al amanecer…, ahora tengo dos años más y en dos años pueden pasar tantas cosas…, se puede morir el zar, me puedo morir yo tranquilamente, y no vaya a ser que por ahí al oso se le ocurra hablar…"

4

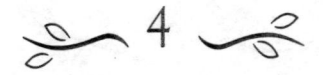

- Si hay alguien que debería estar conmigo todo el tiempo, ese alguien soy yo.
- Se desea con la mente pero se quiere con el corazón.
- En los actos se mide el espíritu de quien los realiza.
- La sabiduría tiene como enemiga la pereza.
- Lo jerárquico responde siempre a la naturaleza.
- La gran corrupción ha sido idolatrar a un instructor en lugar de vivir su enseñanza.
- En el ser evolucionado sus palabras son música.
- El pesimismo no es propio de un ser natural.
- El hombre es el único animal que se aburre: ¿has visto algún burro aburrido?
- Lo que produce ansiedades son los apegos.
- El triunfo está en el viaje, no en el destino.
- Para olvidar es necesario recordar.
- En lo simple radica la grandeza.
- Los valores internos multiplican las energías.
- Si siempre haces lo mismo, no esperes lo diferente.
- Si los momentos son bellos, los próximos lo serán más.

5

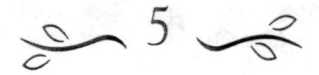

Dos jóvenes amigos que se conocían desde chicos, y que eran diferentes, ya que a uno le gustaba hacer preguntas y al otro le gustaban los relatos y los cuentos, discutían mientras paseaban felizmente por el parque de la costanera:

—No seas soberbio, porque así, no vas a escuchar nunca...! —le decía el mayor de ellos, al menor, quien disfrutaba discutiendo.

—Si hay algo que yo no tengo, ¡es soberbia! —contestó el menor.

—Sin embargo, recuerda que yo te conozco hace mucho tiempo, y la misma soberbia te impide verla. Te contaré un cuento contado por el mismo protagonista, llamado "Codi":

"Cavando para colocar un cerco que separa mi terreno del terreno de mi vecino, encontré enterrado en ese lugar, un viejo cofre, lleno de monedas de oro. A mí no me interesó por la riqueza, sino por lo extraño del hallazgo. Nunca he sido ambicioso y no me importan demasiado los bienes materiales. Después de desenterrar el cofre, saqué las monedas y las lustré. ¡Estaban tan sucias y herrumbradas las pobres! Mientras las apilaba sobre mi mesa, prolijamente, las fui contando. Constituían en sí mismas, una verdadera fortuna. Sólo por pasar el tiempo empecé a imaginarme todas las cosas que se podrían comprar con ellas. Pensaba en lo loco que se pondría un codicioso, que se topara con semejante tesoro... Por suerte, por suerte, no era mi caso.

"Hoy, vino un señor a reclamar las monedas. Era mi vecino. Pretendía sostener, el muy miserable, que las monedas las había enterrado su abuelo, y que por lo tanto, le pertenecían a él.

"Me dio tanto fastidio... que lo maté. Si no lo hubiera visto tan desesperado por tenerlas, se las hubiera dado, pero no soporto a la gente codiciosa..."

6

Joaquín y Paula terminaron haciéndose verdaderos amigos, tal vez porque se ayudaban sin darse cuenta. Trabajaban desde muy temprano, en oficinas distintas en pleno centro de la ciudad, y como ambos tenían esa media hora de merienda, a media mañana, con frecuencia solían encontrarse en la plaza cercana a ambos.

Un día, Paula invitó a Joaquín a tomar un café, y una vez acomodados, ella descargó sus pensamientos, contándole al amigo su pena por haber sido intolerante con su compañera de oficina. Joaquín era aficionado a contar cuentos y le dijo:

—Todo sirve. Es hasta posible, que por tu conducta, inadecuada para algunos, tú y ella tengan la oportunidad de revisar las propias actuaciones..., ahora recuerdo un cuentito:

Una vez, en el desierto, caminaban un hombre, su caballo y su perro, en medio de una increíble tormenta. Inesperadamente, un rayo los alcanzó a los tres, y murieron en el instante, pero fue tan rápido lo sucedido que no tomaron conciencia de que murieron, así es que continuaron el camino, hasta que llegaron cansados a un oasis, que tenía un guardián en la puerta.

—¿Podemos entrar? Tenemos mucha sed... —dijo el hombre.

Y el guardia le respondió:

—Éste es el paraíso de los hombres; usted puede pasar, pero ellos no. El lugar es exclusivo para humanos.

Pero ellos también tienen sed..., si no pasamos los tres, yo no entro.

Y fue así que siguieron caminando durante semanas hasta que llegaron a otro oasis:

Por favor, tenemos sed, estamos muy cansados, ¿podemos entrar?

—Claro, naturalmente, todos son bienvenidos, éste es el Paraíso, —les dijo el guardia.

—No puede ser, ya pasamos por el Paraíso, y no dejaron entrar a mi caballo y a mi perro... ¿Cómo permiten ustedes que ellos mientan diciendo que ése era el Paraíso?"

—Ése lugar es el infierno, pero presta un servicio, pues aquellos que son capaces de abandonar a sus amigos, no llegan hasta aquí...

7

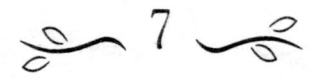

Había una vez un rey, al que le gustaba sentirse poderoso, pero el mago del pueblo, tenía más poder que él, pues conocía el futuro...

El rey celoso, urdió entonces un plan: organizaría una fiesta a la cual invitaría al mago, y luego, delante de todos los invitados, le preguntaría si era verdad que leía el futuro. El invitado podría decir que no, defraudando a todos, o decir que sí, confirmando su fama. El rey estaba seguro de que escogería la segunda posibilidad, y le pediría la fecha en que el mago iba a morir, y cuando diera la respuesta, el rey sacaría su espada, y lo mataría.

Con ello, conseguía deshacerse de su enemigo y a la vez demostrar que aquél no había adivinado su futuro, equivocándose en su predicción.

Llegó el día del festejo y después de la gran cena, el rey "convidó" al mago, a pasar al frente, y delante de todos los comensales le preguntó:

—Dime mago, ¿es cierto que puedes leer el futuro?

—Un poco... —le contestó el mago.

¡Entonces quiero que me digas en qué fecha morirás! ¿Qué día exactamente?

—No puedo precisar fecha, pero sé que moriré un día antes que el rey..., respondió el mago. El ambiente se congeló. El rey no se animó a matarlo, permaneció en silencio, y se dio cuenta que se había equivocado.

—Alteza, te has puesto pálido. ¿Qué sucede? —le preguntó el mago al rey.

—Me estoy sintiendo mal... —repuso el rey, quien pensaba que sería trágico que le pasara algo al mago, así es que dijo en voz alta:

—Mago, te ruego que pases esta noche en el palacio. Debo consultarte por la mañana temprano. Acompáñenlo a las habitaciones de lujo, y custodien su puerta —ordenó.

Muy temprano, el rey golpeó en la habitación del mago y le hizo una consulta como excusa. El mago le dio la respuesta correcta. El rey le pidió que se quedara un día más. Desde entonces, todos los días el rey lo necesitaba y lo visitaba.

Pasaron los años, y estando cerca del que sabe, el monarca se volvió sabio y justo. Aprendió la humildad y su pueblo empezó a quererlo. Visitaba al mago para aprender y compartir, y llegaron a ser amigos.

Un día, abrió su corazón y le confesó al amigo su plan para matarlo, y el mago le dijo que se alegraba que se lo dijera pero que él ya lo sabía y que inventó la historia de su muerte sólo para darle una lección, que hoy ya podría comprender. Se abrazaron como buenos amigos, y cuenta la leyenda que esa noche, el mago, durante el sueño, murió. Cuando el rey lo supo, desolado y con sus propias manos, cavó en su jardín la tumba para su amigo. Enterró su cuerpo, se quedó al lado de él todo el día, y esa misma noche, mientras el rey dormía, también moría.

8

- No todo lo que vemos es todo lo que existe.
- Muchos pasos los damos gracias al sufrimiento.
- Para dejar de sufrir es necesario llorar.
- Mirar afuera es soñar; mirar adentro es despertar.
- Llegar a ser lo que no soy es dejar de ser lo que soy.
- Sólo puede inspirarse confianza confiando en uno mismo.
- Superar con hechos el favor recibido es lo que da satisfacción.
- El tiempo no se gasta; se gasta la vida de quien lo pierde.
- La batalla no la gana el más fuerte sino el que persevera.
- Lo difícil se torna fácil cuando se es optimista.
- No hay liberación sin alcanzar conciencia.
- El hombre debe crecer libre y nunca deformado por ajenos.
- La función de la mente es dividir, la del corazón, unir.
- Podemos vivir sin la mente, pero no sin el corazón.
- Prefiero el fuego con su llama que me avisa, a una brasa escondida en la ceniza.
- La alquimia de usar los contradictorios, nos libera.
- El recuerdo del deber cumplido vuelve feliz el momento vivido.

9

Dos hombres mayores, sentados en un bar, compartían los diarios problemas familiares: "A mi hijo no lo veo feliz así como me hubiese gustado verlo..., esto me pone bastante mal, ¿qué hago?"
—¿Quieres saber lo que siento? Empecemos con que un niño es un conjunto de un material llamado amor, y sus padres no pueden darle amor porque arrastran sus propios traumas. Los padres nunca amaron a sus niños; sólo pueden fingir y hablar de amor y decir "te amamos mucho", pero todo lo que hacen demuestra falta de amor.

La forma en que tratan al niño es insultante, no hay respeto.

¿Quien piensa en respetar al niño? No se piensa en absoluto que es una persona. El amor es como una flor frágil: tiene que ser protegido, regado y fortalecido. El cuerpo del niño es frágil y si se lo deja solo, ¿podrá sobrevivir? Es casi imposible que sobreviva; morirá. La madre no ha amado al marido ni el marido a la esposa. Existe dominación, posesión, celos y toda clase de venenos, que destruyen al amor. Eso le está sucediendo al amor, se lo ha dejado solo; los padres nunca han fluido en el amor. Recuerda a tus padres: son víctimas como lo eres tú.

¿Pareciera que incluso "Dios-Padre" tampoco fue muy respetuoso con Adán y Eva? Desde el principio mismo empezó a darles órdenes: "Haz esto. No hagas lo otro". Empezó a hacer todas las tonterías que los padres hacemos. "No comas el fruto de ese árbol", y cuando Adán se comió el fruto, el Padre-Dios, reaccionó tanto, que echó a Adán y a Eva del paraíso... Así nos contaron...

«Esa expulsión está siempre aquí presente y cada padre amenaza al niño con echarlo: "Si no me escuchas, si no te portas bien, te echaré". Y, naturalmente, al niño le da miedo, empieza a transigir, y poco a poco se vuelve retorcido y empieza a manipular. No tiene ganas de sonreír, pero si se acerca a la madre y quiere leche, sonríe: es el principio de la política. En lo profundo comienza a odiar, porque no es respetado, se siente frustrado por no ser amado y poco a poco se va matando su capacidad de amar. Yo le diría al joven: Deja esas voces paternas que llevas en tu interior. No las imites, y serás capaz de sentir compasión. Todas las personas están resentidas con sus padres. Y ellos, no conocieron la felicidad...»

10

Paula le contó a Joaquín que a ella le hubiera gustado ser bailarina y que hoy se encuentra sentada en una oficina, gorda y estresada, diciendo con ello que algo no le resultó...

—Sí, es cierto que no pudimos desarrollar nuestras anheladas individualidades o singularidades —comentó Joaquín y agregó—: En la escuela, cuando yo era pequeño, entró una vez al aula, cansada, apurada y agotada, la profesora de dibujo, que ese día había dictado ya seis clases iguales. Jadeante, nos dijo: "Buenos días alumnos, hoy dibujaremos un árbol." Todos contentos pensamos: "¡Qué lindo, clase de dibujo!".

Teníamos lápices de todos los colores.

Luego la profesora dibujó en la pizarra una cosa grande, de color verde, a la cual le agregó una base marrón, y dijo:

"Éste es un árbol". Nosotros observamos y pensamos que aquello era un chupetín o un chupetín-helado, pero ella repartió las hojas y ordenó: "Ahora dibujen un árbol", queriendo decir "dibujen mi árbol...". Cuanto más rápido entendíamos lo que ella quería decir y entregábamos la hoja, obtendríamos una mejor calificación.

Pero había un niño que había conocido un árbol de manera como la profesora de arte no conocía, pues vivió la experiencia de sentarse y mecerse en sus ramas, de oler sus hojas y de observar vívidamente los colores, sabiendo que un árbol no era como un chupetín. Tomó entonces sus lápices de colores y dibujó toda la hoja. Contento la entregó. La profesora miró el dibujo y exclamó:

"Dios mío! Este niño tiene una lesión cerebral... Debe asistir al Curso Diferencial."

Y así, ése árbol, se perdió, irremediablemente...

11

- La sol-edad es esencial; no tratemos de evitarla.
- La conciencia es el árbitro de nuestra vida.
- Nadie que esté en una "cárcel" puede ofrecernos libertad.
- Si un semejante no cree en Dios es porque ya sabe de Dios.
- De la verdad sólo surgen afirmaciones, jamás hipótesis.
- En la medida que empieza la organización, empieza la corrupción.
- La duda se elimina con el conocimiento.
- Quien no arriesga, no gana.
- Nuestra primera maestra es la Naturaleza.
- Sintonízate con tu existencia y sentirás al universo.
- La Naturaleza es danzarina y la Abundancia es su riqueza.
- Que el sueño no entorne tus ojos mientras custodias los tesoros del espíritu.
- Ámate a ti mismo si quieres amar a lo demás.
- No se puede amar lo que no se conoce.
- Conócete a ti mismo.
- Sólo hay una necesidad: amar.
- Lo que importa es realizar el ser puro.
- Si no encendemos la luz, ella no iluminará.

12

Había una vez, un gran rey que tenía tres hijos y quería elegir a uno de ellos para que fuera su sucesor. La tarea le fue difícil porque los tres eran muy inteligentes y muy valientes, así es que fue a visitar a un sabio, quien le sugirió una idea.

El rey volvió a su palacio, reunió a sus tres hijos, y a cada uno de ellos le dio una bolsa con semillas de flores y les comunicó que él se iba a una larga peregrinación:

"Tardaré más de un año, quizá más, y ésta será una prueba para vosotros. Cuando yo regrese, me tendréis que devolver las semillas, y quien las proteja mejor, será mi sucesor."

Fue así que el rey partió hacia su peregrinación.

Uno de los hijos encerró las semillas en un cofre de hierro, para devolverlas como estaban; el otro pensó que si las dejaba encerradas como lo hizo su hermano, se morirían, entonces se fue al mercado, las vendió y pensó que cuando regresase el padre, compraría nuevas y mejores. El tercero se fue al jardín y las esparció por todas partes.

Cuando el padre volvió después de tres años vio que las semillas guardadas en el cofre apestaban y ya no servían, que las del hijo que fue al mercado, ya no estaban más, y que las del tercer hijo habían florecido y estaban por semillar.

A este último hijo le habló:

"Las semillas casi nunca corren peligro pero las plantas siempre corren peligro, son delicadas. La semilla es dura, oculta tras la cáscara; la planta soporta muchos inconvenientes; no todas llegan a florecer, pues hace falta coraje para convertirse en planta, y hace falta amor para florecer. Eres mi sucesor... No te quedes en la semilla..., reúne coraje y amor, y serás invulnerable."

13

Una vez, Juan el leñador compró una sierra de motor para aligerar su trabajo, sin aprender antes a manejarla, y una mañana, por una distracción, la sierra se deslizó, accidentando de gravedad a Juan en ambas piernas. Los médicos no pudieron hacer nada y finalmente quedó postrado en silla de ruedas por el resto de su vida.

Deprimido por una conspiración psíquica, fue al psiquiatra y le contó: "Mi depresión no es por mi incapacidad; lo que me molesta es el cambio en mis amigos. Antes íbamos a bailar o hacíamos carreras en la costanera, y ninguno me ha vuelto a convidar...".

Al psiquiatra le costó creer que Juan no estuviera entendiendo lo absurdo de su planteo. Decidió explicarle claramente lo que pasaba, y que sus amigos no lo estaban evitando por desamor, sino que el accidente había modificado la realidad, y él ya no era el compañero de elección para hacer esas mismas cosas que antes compartía.

"Pero doctor, yo sé que puedo nadar, correr y hasta bailar..."

El doctor lo serenó. Por supuesto que no había nada en contra de que él siguiera haciendo las mismas cosas, es más, era importantísimo que las siguiera haciendo, pero era difícil seguir pretendiendo compartirlas con las relaciones de antes: tenía que compartirlas con quienes tenían su misma dificultad; podía bailar, pero en los clubes con quienes también eran discapacitados, y sus amigos no estarían con él ahora como antes, porque las condiciones eran diferentes; en realidad, ya no eran sus "pares". Para poder hacer esas cosas que deseaba hacer, era mejor hacerlas con sus semejantes, es decir, fabricar nuevas relaciones con pares...

"Gracias doctor por su ayuda; ahora comprendo y seguiré sus consejos", dijo Juan. "Nuevas relaciones con pares", se repetía, para no olvidarlo. Volvió a su casa, puso en condiciones su sierra, y planeó cortarle las piernas a algunos de sus amigos...

14

- Que el corazón sienta y que la mente no mienta.
- Pequeñas causas y efectos no cambian grandes destinos.
- Mientras los pies toquen el suelo, la lucha continuará.
- Los conocimientos superiores no cansan, alivian.
- Al tiempo le agrada que lo esperen con los brazos abiertos.
- Derrumbando la ilusión, es más fácil la curación.
- La experiencia nos da el consejo que no pudimos escuchar.
- La risa espontánea ablanda los temperamentos más duros.
- Todo lo que acontece en nuestra vida es fruto de nuestras opciones.
- En dualidad, el amor viene y va; en unidad, sólo hay amor.
- Que nuestras obras sean siempre provechosas, lícitas y generosas.
- Quietud, silencio y soledad, en todo lo que hagamos...
- La vida física o corporal es sólo un fragmento de la vida del espíritu.
- Alejarse de la realidad es vivir en una ficción.
- Hay maneras de decir la verdad: elijamos la que no dañe.
- La libertad se nos da para elegir siempre lo mejor.
- No deseo ir yo al paraíso, quiero que el paraíso esté en mí.
- Quien disminuye el dolor, es el amor.

15

Había una vez un niño, que estaba solito,
acostado sobre el césped, un poco aburrido,
pero sintiendo inquietudes,
por lo que en voz baja preguntó:
"Dios, ¿eres real...?
Si existes, habla conmigo...".
Y una alondra muy cerca cantó,
pero el niño no la escuchó.
"Dios, háblame!...", gritó.
Y un trueno resonó por todo el cielo,
pero al niño no le importó.
"Déjame verte...", volvió a insistir,
y el sol iluminaba brillantemente,
pero el niño no miró.
"Muéstrame un milagro, por favor..."
Y nació una nueva vida,
pero de ello el niño ni cuenta se dio.
"Tócame por favor...,
para saber que estás aquí..."
y Dios inclinándose en forma de mariposa,
suavemente lo tocó;
pero el niño, alejando a la mariposa,
sin conciencia de lo que hacía,
la oportunidad se la perdió...

16

Esa mañana, aprovechando la compañía de su amigo, Paula reflexionó en voz alta y le dijo a Joaquín:
"Me estoy dando cuenta que la educación no sirve mucho. Noto que mis hijos no tienen interés en estudiar para la escuela. No están contentos. Actúan como autómatas o robots y estoy algo preocupada, pienso que algo está fallando, pero no sé qué es...".

Joaquín aprovechó la ocasión y, como era aficionado a los cuentos, le dijo: "Tal vez este cuento te ilustre sobre lo que aconteció y aún está aconteciendo:

Una vez, un conejo, un pájaro, una ardilla y un pez, se reunieron para institucionalizar un Colegio, y redactar el "Programa de Estudios".

El conejo quiso que dentro del programa se incluya el Correr. El pájaro quiso que se incluya la Técnica de Volar. El pez, la Natación, y la ardilla, el Modo de Trepar Árboles. Escribieron todo, y luego, exigieron que todos los animales cursasen todas las disciplinas.

A un conejo le exigieron que aprendiera a volar, lo subieron a un árbol y le ordenaron: "Vuela conejo!".

Se tiró, se fracturó el cráneo, y nunca más pudo correr bien. En lugar de obtener la máxima calificación en carrera, sacó la mínima en Vuelo. Pero el Consejo estaba feliz.

Le pidieron a un pájaro que cavara buracos en la tierra, se quebró las alas y el pico, y los profesores se conformaron con bajarle la calificación en Vuelo.

Finalmente, quien en la Graduación dijo el Discurso de Despedida fue una anguila retardada mental, que podía hacer casi todo, casi bien."

17

- Sólo podemos trascender este mundo si no le pertenecemos.
- La vida es lo que nos pasa mientras hacemos otras cosas.
- Por las obras sabrás a qué señor sirven las manos que las realizan.
- La semilla se transforma en árbol porque el árbol está en la semilla.
- El espíritu es siempre apasionado; sin pasión no se puede ser espiritual.
- Las buenas acciones son siempre retribuidas en el momento justo.
- La palabra del saber florece en el alma cuando se la asocia a la vida.
- No busquemos en los demás lo que podemos hallar en nosotros mismos.
- Los conocimientos superiores conducen a la luz, y no a la oscuridad.
- El cántaro no se llena de agua si no lo sumergimos en la fuente.
- Los temas de la vida inmaterial activan las células de nuestro cuerpo.
- Condenemos el error pero nunca a la persona que lo transporta.
- Nadie es malo a conciencia. Se es malo siendo inconsciente...
- El amor terrenal es un pálido reflejo del amor divino.
- Tratemos de expresarnos en el silencio de nuestras obras.
- Aprendiendo a conocer la cara de los demás, conoceremos la de Dios.
- La madurez de conciencia nos lleva a un desapego emocional.
- Tratemos de sentir el pulso de la grandeza del cosmos...

18

Puente es algo que cruza una brecha, un paso sobre un obstáculo, y el primer puente que hay que levantar es el puente hacia uno mismo; pero cuán poco nos han enseñado de respeto a nosotros mismos para llegar adonde deberíamos llegar.

Los medios nos enseñaron a ser otros, diferentes, y a estar en otro lugar...

Cada uno de nosotros es una combinación muy especial, con un propósito muy especial. No permitamos que nos digan otra cosa. Tenemos que realizar aquello que queremos y que es esencial para nosotros, celebrando toda nuestra humanidad y nuestra locura. Naturalmente, eso implica recordar, y luego olvidar; golpearnos contra paredes; equivocarnos de piso; entrar en alguna habitación errada; viviendo así en perpetua admiración por la vida, permitiendo también que los demás celebren sus vidas...

Lo que los demás hacen por sí mismos, también lo hacen por mi, y optamos por dejar el "tú" para preferir el "nosotros".

La primera brecha del puente es hacia uno mismo, y la segunda, hacia los demás.

Descubrir que yo no siempre debo tener la razón, y ser libre de tener la razón algunas veces, porque yo puedo estar en lo cierto, pero también lo pueden estar los demás, y todos influimos sobre todos...

Es imposible que caiga una hoja de un árbol sin que nos afecte a todos; por eso comenzamos a tender puentes...

Si tuviera que vivir nuevamente mi vida, trataría de cometer más errores, estaría más relajado, sería más tonto, tomaría muy pocas cosas con seriedad, correría más riesgos, contemplaría más atardeceres, iría a más lugares desconocidos, comería más helados y menos porotos, jugaría con los niños. Pero estamos obstaculizados por la rutina, haciendo todos, lo mismo, día tras día y aburriéndonos.

¿Sabías que en la India, al saludarte, te dicen: "Namaste"? Significa: "Honro el lugar en ti donde reside tu universo, y si lo habitas en ti, y yo lo habito en mi, ambos, somos uno...".

19

Cuenta la leyenda, que "Toro Bravo", el valiente y joven guerrero, y "Nube Blanca", la famosa hija del cacique, visitaron juntos y tomados de la mano la tienda del viejo brujo de la tribu:

"Nos amamos y nos vamos a casar", dijeron ambos enamorados, "pero nos queremos tanto que tenemos miedo, y queremos algún hechizo, algún conjuro, algo que nos garantice que estaremos siempre juntos...".

El viejo los miró, se emocionó de verlos tan jóvenes, tan enamorados y esperanzados en su palabra...:

—Hay algo, pero es una tarea difícil y sacrificada...
—No importa —dijeron los dos juntos.
—Nube Blanca, ¿ves aquel monte? Deberás escalarlo y llevar contigo una red, pues deberás cazar un halcón y traerlo aquí con vida. Y tú, Toro Bravo, deberás escalar la montaña del trueno, y con tus manos atrapar una águila y sin heridas traerla ante mí, el mismo día en que vendrá Nube Blanca.

Los jóvenes se miraron con ternura, y salieron a cumplir la misión. El día establecido, y frente a la tienda del brujo, los dos jóvenes esperaron con las aves encomendadas. El brujo entonces les pidió que con cuidado las sostuvieran...

—Ahora las mataremos y beberemos su sangre, o cocinaremos y comeremos el valor de su carne? —preguntaron juntos.
—No, átenlas entre sí, con esta tira de cuero, y cuando estén anudadas, suéltenlas así, para que prueben ser libres."

Los enamorados cumplieron con lo solicitado, pero observaron que el águila y el halcón, estando atados, sólo consiguieron revolcarse en el piso..., e irritados por la incapacidad de volar, comenzaron a los picotazos, hasta lastimarse. El brujo dijo:

—Éste es el conjuro: si ustedes se atan el uno al otro, aun por amor, vivirán arrastrándose, y tarde o temprano se lastimarán uno al otro. Vuelen juntos, ¡pero jamás atados!

20

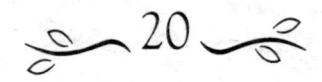

- Actuar en armonía con la naturaleza es entender las leyes universales.
- Dios está tan cerca que entre Él y nosotros sólo se interpone la mente.
- La peor traición es la del ingrato en contra de su benefactor.
- Quien continúa mirando hacia atrás, tirará de la soga que lo retendrá.
- Ser invulnerable es sentir la inmanencia del propio espíritu.
- Ser humilde es ser justo, natural e íntegro...
- La sensibilidad ennoblecida por el saber asume dictados superiores.
- No hay unión más venturosa que la de la conciencia con la realidad.
- No podemos esperar compasión de quienes carecen de sensibilidad.
- Lo grato fortalece el espíritu y lo ingrato fortalece el juicio.
- No pensemos de otros lo que no queremos que piensen de nosotros.
- El hombre es como el vino: la edad mejora los buenos y agria los malos.
- La mayor claridad de visión la tiene siempre el amor.
- Sin risas, el hombre es como un árbol sin hojas...
- Ser consciente es observar lo que se piensa, lo que se siente, y lo que se hace.
- Repetir una verdad es proclamar una mentira, porque la verdad es algo viviente...
- La sabiduría no es conocimiento ni erudición: es comprensión en acción.

21

En un pozo, vivía una colonia de ranas con sus costumbres y sus alimentos. Croaban a gusto y en paz, y sólo tenían que resguardarse del balde que echaban, a cierta hora del día, desde arriba, para sacar agua del pozo. Oían la polea, se sumergían o se apretaban contra la pared, esperaban que el balde fuera levantado y el peligro pasaba.

Un día, a una ranita se le ocurrió pensar que el balde podía ser una oportunidad porque arriba aparecían sombras y luces que hacían presentir algo diferente, algo nuevo.

La ranita curiosa comentó a las demás lo que pensaba, pero casi todas se enfadaron con ella, diciéndole que eso nunca se hizo antes y que ella se perdería para siempre si subía en el balde, pues ellas estaban hechas para estar en el pozo, que es donde eran felices...

La ranita, sin embargo, por alguna razón, esperó la próxima bajada del balde y saltó adentro ante el asombro de la comunidad batracia.

Pasó el tiempo..., y un buen día, se oyó desde arriba, un croar sobre la claraboya. Todas se agruparon y vieron recortada contra el cielo, la silueta de la ranita aventurera, con otra a su lado, y siete renacuajos. Desde abajo escucharon:

"Aquí arriba se está maravillosamente; hay aguas que se mueven, fibras verdes y blandas que salen del suelo, bichos pequeños, sabrosos y variados, y ranas distintas que son muy buenas. Me casé, tuvimos hijitos, y aquí hay lugar para todas...".

Desde abajo le advirtieron que si bajaba, sería ejecutada por traición. Ella les contestó que no pensaba bajar y que les deseaba a todas lo mejor. Luego se marchó con su familia...

En el fondo del pozo hubo revuelo y algunas quisieron comentar la propuesta, pero las autoridades las acallaron, y cuenta la leyenda, que desde entonces, cada vez que alguien saca agua del pozo, cada vez, salen más ranitas adentro del balde...

22

Joaquín y Paula quedaron de encontrarse esa mañana, como de costumbre, en la plaza que ambos atravesaban por sus trabajos, para conversar del fin de semana que pasaron junto a sus respectivas familias.

Por el calor reinante, se sentaron en un banco bajo un hermoso árbol ,mirando hacia la agradable fuente de agua, que funcionaba al centro de la plaza.

Paula le contó lo transcurrido durante ese fin de semana y aprovechó de preguntarle a su amigo, si él consideraba que había que tener alguna actitud respecto de la vida y cuál sería.

Él, movió extrañamente la cabeza y luego le respondió:

—Ninguna. Pienso que la mejor manera de perder la vida es tener alguna actitud frente a ella. La vida es amplia y ninguna actitud puede contenerla; es imposible enmarcarla, encasillarla; puedes hasta llegar a perder la conexión con la vida y, rodeada por tu actitud, encapsulada, serás infeliz.

¡Las actitudes son astutas! ¿Por qué no podemos ver la vida tal cual es en su pureza? Entremos en ella con inocencia. Es mejor no ponerle etiquetas ni darle una estructura.

Todos tenemos actitudes, y ésas son nuestras angustias...

Te cuento un cuento:

Había una vez un fanático rey que tenía una preciosa cama de oro, valiosísima, adornada con miles de diamantes, y, siempre que tenía invitados, les ofrecía acostarse en su cama, pero él tenía una actitud:

El invitado tenía que encajar en la cama. Si era más largo, lo hacía cortar al tamaño de la cama. La cama era tan valiosa que no podía ser alterada, como si la cama no fuera para el invitado sino el invitado para la cama. Pero era muy raro encontrar al hombre que encajara perfectamente, y la cama estaba hecha para el hombre medio. El rey era matemático, y había hecho el cálculo midiendo la altura media de los ciudadanos. En el pueblo no había nadie con ese promedio, así es que quienquiera que fuera el invitado, si fuera más corto que la cama, se le estiraba hasta dar el talle. Por supuesto, cada invitado moría, pero el rey no tenía la culpa: su actitud tenía la mejor intención del mundo.

23

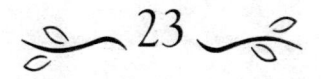

- Se puede creer en lo que se sabe pero jamás en lo que se ignora.
- Lo que importa es descubrir qué es lo que más ansía el espíritu.
- Quien anda a paso regular, avanza. Sin prisa, pero sin pausa.
- En el espejo de la vida se refleja lo que uno piensa, siente y hace.
- La alegría diaria es un acto de veneración a la Creación.
- La inercia adormece la mente y esteriliza la vida.
- La libertad de conciencia instituida por el Creador es sagrada.
- Una prueba de talento es ser cada día mejor.
- Las creencias son las que producen el caos.
- Atarse al pasado es vivir un presente sin futuro.
- El hombre posee la verdad en cuanto la verdad posee al hombre.
- El ser es lo que es y lo que será, pero jamás lo que fue.
- Pretendiendo esquivar el dolor y la muerte, evitamos la vida.
- Se puede vivir sin amor, pero no sin muerte.
- No alumbremos el entendimiento como en la época de los candiles.
- Una cultura superior cambia una fisonomía fea por una linda.
- No hagamos comparaciones..., no existen en el cosmos dos partículas iguales. ¿Cómo comparar entonces?

24

Una vez, un hombre mayor, luego de haber trabajado toda su vida, con lo que ello implica: cansancio, dolor, idas y venidas, etc., se murió. Apareció luego de su muerte en un lugar donde había un señor de blanco que lo recibió y llevó por un pasillo largo, hasta una habitación absolutamente vacía y le dijo: "Yo soy su mayordomo. Aquí usted va a estar, por el resto de la eternidad."

—¡Pero cómo! ¡Aquí no hay nada! ¡Ni cama ni mesa, no hay nada!

—No se preocupe; usted cuenta con un confort absoluto. Si quiere una cama, lo único que necesita hacer es pensarla y ésta se materializará. Haga la prueba...

El hombre no lo podía creer, así es que pensó en una hermosa cama y la cama se materializó.

—Y así usted podrá pensar en una mesa, en un plato de comida y tendrá todo a su disposición. Es lo que usted se ha ganado. Si me necesita, me llama y vendré.

Al hombre le pareció increíble y quedó muy agradecido. Pensó en un plato de comida y apareció; una ventana con vista a un hermoso jardín y apareció, y así todo lo que pensaba se materializaba. Durante semanas estuvo disfrutando, hasta que un día se le ocurrió que le gustaría no sólo comer habas, sino plantarlas él mismo, para luego cosecharlas y comer de lo que él mismo había sembrado, así es que imaginó una pequeña huerta de tierra para trabajarla, herramientas, semillas, pero por más que se esforzaba, no aparecían. Llamó al mayordomo, quien vino enseguida: "Mire, no sé qué pasa. Me imagino un lote de tierra, herramientas y semillas, porque quiero plantar yo mismo unas habas, y no hay caso, no aparecen."

—No, no, es que usted puede pensar en las habas y las tendrá sobre su mesa, pero plantarlas, no, no va a tener ninguna posibilidad.

—Pero es que yo quiero plantarlas con mis propias manos, quiero poder cosecharlas y obtenerlas por mí mismo...

—No, acá, no se trabaja, acá usted puede tener lo que quiera, pero trabajo, no, aquí no hay trabajo.

—Pero esto es horrible, si es por eso... ¡hubiese sido mejor estar en el infierno!

Y el mayordomo le contesta: "Y usted dónde cree que está?".

25

Un día, dos señoras mayores, Pamela de sesenta años y Carolina de sesenta y cuatro, se encontraron después de mucho tiempo que no se veían. Pamela vivía separada desde hacía muchos años y Carolina era viuda desde hacía poco.

Comenzando una amistad renovada, ese día salieron a almorzar a un comedor del Centro, y como ambas tenían inquietudes espirituales, amenizaron entre cosas materiales y cosas más profundas.

Pamela ya no vivía junto a su único hijo, soltero, de treinta y cinco años, pero seguía manteniendo aún una relación estrecha de madre con él, así es que decidió preguntarle a su amiga, por qué su relación con el hijo le hacía padecer tantas reacciones estresantes, ya que era un adulto y muy independiente. Carolina le respondió:

—Me parece que el caso es similar a la relación de pareja, que además de tener la costumbre de querer controlar al otro, sucede que no es lo mismo sentirse juntos que "enganchados", porque juntos es estar próximos, al lado, y naturalmente aceptando la posibilidad de separación, pero "enganchados" es estar trabados, como dos anzuelos, y significa que uno llena el hueco del otro y al revés, y deja de existir la posibilidad de estar libres, porque de ser así, cada uno debería asumir su propio "hueco-problema", cosa que no estamos dispuestos a asumir al aceptar el "enganche".

Sólo cuando existe la posibilidad de separar, es cuando tiene valor el estar juntos. En el caso de la pareja, por ejemplo, no son dos, ni es uno.... ¡son tres! Tres individuos diferentes: Ella, él y la relación de la pareja formada. Entenderlo sirve para comprender que se trata de compatibilizar los intereses de los tres. En tu caso, si aparece armonía entre él, tú y la relación de ustedes dos, podrán sentir esa armonía en unidad, ¡pero sin dejar de ser tres...!"

26

- El tiempo físico es mortal, termina esterilizándonos la vida.
- El tiempo eterno es amplio, y nos abre hacia una vida superior.
- Con aspiración se llega volando; con ambición se llega arrastrando.
- Lo que viene siempre es bueno, porque lo mejor aún no llegó.
- La rebeldía es el acto del ser espiritual que conoce sus derechos.
- El conocimiento trascendente es el que une al hombre con Dios.
- La sal de las lágrimas limpia las heridas, y el amor las cauteriza.
- El verdadero tiempo comienza en el experimentar que existimos.
- Buscar la unidad dentro de uno es no perderse en las contradicciones.
- Disminuirnos los unos a los otros acaba empequeñeciéndonos a todos.
- El saber permite recobrar el tiempo mal gastado en la ignorancia.
- Crecer es expandir las fronteras y llegar cada vez un poco más allá.
- Una vez que decido el sentido de mi vida, debo dar la vida por él.
- Es posible sentirse feliz sin estar alegre y estar alegre sin ser feliz.
- No demos tanta atención al envase sino también al contenido.
- Nos fue dado un don: el de conocernos a nosotros mismos.
- Nuestro desafío consiste en aprender a discernir, entre lo inadecuado y lo correcto, y entre lo obligatorio y lo optativo...

27

Yo no sé nada;
tú no sabes nada;
el no sabe nada;
ellos no saben nada;
ustedes no saben nada;
nosotros no sabemos nada.

La desorientación
de nuestra generación
tiene explicación
en la dirección
de nuestra educación,
cuya idealización
de la acción
es sin discusión
una mistificación,
una contradicción
con nuestra propensión
a la meditación,
a la reflexión
y a la contemplación.

Creo que creo,
en lo que creo que no creo,
y creo que no creo
ni siquiera en lo que creo que creo.

28

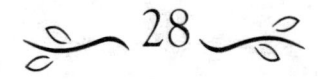

Había una vez, un juego, "Las escondidas", al que quisieron jugar las emociones con los sentimientos. Estaban el amor, el odio, el fastidio, y todos los demás. Quien contaba los números para que los demás se fueran a esconder, era la locura. Gritaba: "Diez, seis, cuarenta, ocho, mil, sin orden, como es característico de la locura. Cada uno se escondió donde pudo, mientras ella contaba. Cuando terminó de contar, la locura salió a buscar los uno por uno.

Encontró a la tristeza, detrás de un sauce llorón. Encontró a la ingenuidad, en un rincón con los ojos tapados pensando que nadie la veía. El miedo estaba metido en un hueco, y así, fue encontrando a todos. Pero al único que no pudo encontrar fue al amor, que estaba muy oculto bajo las hojas caídas...

Entonces, se le acercó la traición y le susurró al oído: "Ahí está, debajo de esas hojas secas...".

Como la locura es un poco ciega, igual no lo pudo ver, entonces la traición le sugirió: "Pínchalo con aquella horquilla...".

La locura pinchó las hojas para que el amor saliera, y cuando retiró la horquilla, ésta salió mojada con sangre. Apartando luego las hojas, vio que había dejado ciego al amor, y enseguida le dijo: "Hermano, cuánto lo siento, nunca quise hacerte daño... Por favor, desde hoy déjame estar siempre a tu lado quiero ser tu guía y así poder compensarte por lo que hice...".

Y fue así que se unieron, y vivieron juntos muchos años.

Un día, al amor se le cruzó la razón, y él se dio cuenta de que no podía seguir siendo guiado por la locura; que la razón era su destino, que ella le iba a dar la posibilidad de la solidez y trascendencia.

Entonces, decidió abandonar la locura, y se casó con la razón.

Vivieron muchos años haciendo la pareja ideal.

Pasó el tiempo, y un día, el amor sintió que amaba muchísimo a su pareja la razón, pero que también se aburría bastante, pues ella era muy razonable, circunspecta y previsible. Entonces, cuenta la leyenda que, desde ese día, cada vez que el amor se aburre de la razón, se escapa de la casa, mantiene una aventura con la locura y luego regresa...

29

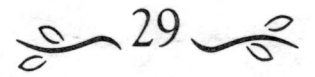

Alrededor del año 1890, un hombre humilde trabajaba en ese momento cerca de un riachuelo, que no estaba lejos del pueblo, cuando de pronto escuchó la voz de un niño que pedía auxilio. Corrió hasta el río y vio a un niño ahogándose. Rápidamente entró en el agua y lo rescató.

Pasaron unos días y, mientras el hombre descansaba en su casa, se aproximó, en un automóvil de lujo, un señor rico, que dijo ser el padre del niño que había sufrido el accidente en el río.

—Quisiera pagarle por lo que usted hizo —manifestó agradecido el padre del niño, al buen-hombre que lo escuchaba.

—Por este tipo de colaboración no se cobra, señor... —le respondió con seguridad el hombre.

—Entonces, como yo sé que usted también tiene un hijo, que hoy tiene diez años, acépteme que desde hoy pague todos los estudios de su hijo..."

El hombre humilde aceptó agradecido.

Pasaron los años, y aquel hijo, llamado Alexander, terminó los estudios y pudo recibirse de médico. En 1929, este joven médico, descubrió una sustancia bactericida que luego ayudó a muchísimas personas a curarse de graves enfermedades, por lo que el joven médico, recibió un importante premio llamado Nobel.

Este médico, se llamó Alexander Fleming y fue quien descubrió la penicilina. Cuenta la historia que un día el hijo del hombre rico cayó gravemente enfermo, y salvó su vida gracias a este antibiótico..."

30

- Si no quieres estar triste, alégrate.
- Para ser invisible, no hagas notar tu presencia.
- Si quieres ser más, no te vayas a menos.
- Para andar por la claridad, no camines por la oscuridad.
- Si uno no quiere, dos no pelean.
- No puede haber orden sin caos previo.
- Todo conocimiento es ahorro de tiempo.
- La vida física es valiosa para la vida superior.
- Un instante de irreflexión motiva amargas reflexiones.
- La sabiduría universal nos protege contra la adversidad.
- Guardar silencio ante quien no piensa como uno es respetar.
- Revelar un secreto es traicionar a un amigo.
- El amor y el duelo nos dan la posibilidad de aprender.
- Mejor es sonreír a los vivos que llorar a los muertos.
- Digamos la verdad con fortaleza pero no con violencia.
- La energía del dinero y la energía del sexo es la misma.
- Nada permanece: todo está sujeto a cambios.

31

Dos hombres que hacía mucho no se encontraban, conversaban felizmente acerca de sus vidas, en un café de la gran ciudad:
—Dicen que la confianza mata al hombre, pero también dicen que la desconfianza no lo deja vivir..., ¿será verdad? ¿Qué piensas al respecto, qué sientes?
—Pienso y siento que, sin confiar, se hace más difícil vivir.
Hace unos días me contaron un cuento árabe que trataré de recordar, porque me aclaró algo a este respecto:
Una vez, en Arabia, el jefe de una camellada que se dedicaba al turismo, habiendo arribado al anochecer a la Posada de descanso, le dijo al ayudante que se dedicaba a atar a los camellos: "No te olvides de confiar en Alá...".
A la mañana siguiente, cuando debían emprender viaje nuevamente, los camellos no estaban. El jefe, preocupado, le preguntó al ayudante,que dónde estaban los camellos, a lo que éste último respondió:
—No lo sé, yo le dije a Alá que cuidara de ellos. Confié en él, y ahora espero que no te enojes conmigo.
—Pero claro que debes confiar en Alá, eso está bien; pero primero ¡ata los camellos! Alá no tiene otras manos que no sean las tuyas; tampoco es cosa de confiar únicamente en tus manos ni tampoco confiar únicamente en Alá, porque aun estando los camellos atados pueden ser robados. Confía en ambos y entonces Alá será el actor y tu el instrumento. Haz siempre todo lo que tu puedas aunque no garantice un resultado, y luego acepta lo que ocurra. Si realizas y con-fías, con fe, no te sentirás frustrado, porque al dar fianza, ¡sentirás confianza!"

32

Había una vez un matrimonio en donde el esposo, que era un ser muy especial, ayudaba mucho efectivizando los diálogos en la pareja. Además él era alegre y le agradaban los cuentos.

Un día, mientras descansaban y disfrutaban del jardín, él le habló a su querida esposa de manera directa y honesta:

—Lo que sucede en el amor entre la esposa y el marido es que generalmente hay temor, y no debería haberlo. Por ejemplo, el sexo y el conocimiento son posible para todos, pero no el amor. Los esposos nos tememos. Tenemos miedos, el uno del otro, dependemos, controlamos, manejamos, poseemos, dominamos, peleamos. Los amantes también. Y yo te pregunto: ¿por qué no compartir todo?

Hay como una lucha, como una pulseada, pero si en cambio podemos ofrecernos, darnos sinceramente, nos permitimos entrar el uno en el mundo interno del otro, sucederá como con el agua, que teniendo hidrógeno y también oxígeno, si se unen, sirven para aplacar la sed.

La esposa le dijo, asintiendo:

—Un índice visible de amor es cuando nos ponemos contentos, pero es verdad que en general vivimos en la periferia."

El marido, entonces, le contó lo siguiente:

"Una vez, un hombre enfermo fue a un hipnotizador, quien le recomendó repetir constantemente la frase "no estoy enfermo", y luego de unos días, ese hombre se curó. Entonces decidió ir a consultarlo nuevamente, por su falta de apetito sexual y, luego de unos días, también como por milagro, la esposa andaba muy contenta, aunque a la vez intrigada, porque ignoraba cuál había sido la sugerencia del hipnotizador.

Un día, ella puso la oreja en la puerta del baño y escuchó que el esposo repetía: "No es mi esposa" "No es mi esposa"

¿Te das cuenta de cómo vivimos en la periferia?

Pero la periferia siempre es vieja, y el interior siempre es nuevo."

33

- Hasta que no veamos inocentes a todos, no sabremos amar.
- Es mejor convertirnos en una gota de agua y caer al océano...
- El cementerio está lleno de imprescindibles que todo lo podían.
- Las creencias irracionales alimentan los temores más absurdos.
- Locos peligrosos son los que razonan fuera del manicomio.
- El querer debe ser del corazón y no de la mente.
- La vida brota de la luz, y la luz crea a través de la vida.
- Quien estime que algo no está bien, que lo haga mejor.
- La ignorancia convierte al hombre en un ser triste y sombrío.
- El que sabe hablar no malgasta palabras.
- Ceder a lo fácil suele crear muchas veces una situación difícil.
- Un signo de inferioridad es codiciar lo ajeno.
- No busques en lo superficial lo que se halla en lo profundo.
- La realización de un anhelo ayuda a realizar otros anhelos.
- No se trata de ser feliz, sino de estar feliz.
- El desafío no consiste en ser "otro", sino en ser uno mismo.
- Para eliminar una duda, lo mejor es dudar de ella...
- Encontrar lo bueno que hay en lo malo nos hace sentir felices.

34

Por esas causalidades, en un centro comercial, se encontraron otra vez Pamela y Carolina, alegrándose ambas por la coincidencia:

—¡Pamela! Qué casualidad encontrarte! Justamente estaba recordando ese día gris en que salimos a almorzar, ¿te acuerdas?

—Sí. Lástima que últimamente ando con demasiadas actividades.

—Ven vamos a tomar algo..., te convido —sugirió Carolina.

—A veces tengo la sensación de que estoy tapando algo con tanta actividad, pero no sé bien qué puede ser. Es como que quiero llenar un vacío..., ¿me entiendes?

—Si te entiendo. Leí algo hace poco acerca de ese famoso "vacío". No sé qué opinas tú, de lo que decían al respecto...

Parece ser que durante siglos se ha estado en contra del "vacío" y también de la "mente en blanco". En el libro decía que, sin embargo, el vacío es maravilloso, que la mente en blanco es obra de Dios y que la mente ocupada es obra del diablo...

Explicaba además, que ser perezoso y no hacer nada no significaba vacío porque cientos de ideas vociferaban en el interior del ser, donde podía haber mucho trabajo, mientras que por fuera se observaba a un perezoso.

Con esto veo ahora que podemos quebrar viejas cadenas, pero que también podemos crear nuevas cadenas para que no haya vacío...

Y decía en el libro que, por ejemplo, la puesta del sol es tan linda que uno se olvida del pasado y del futuro y queda en el presente, unido a ella, pero que después se volvía a caer en lo oscuro.

Entonces el juego era adaptarse al placer del vacío y, lentamente, darse cuenta de que es algo más que vacío, que es algo lleno, pleno, de paz, de silencio, de claridad... No sé qué piensas...

—Estará muy bien lo que me cuentas, Carolina, pero eso de leer y de memorizar, a mí no me sirve. Yo debo experimentar y recién entonces, puedo hablar sobre el tema, así es que después que pruebe disfrutando del "vacío", te contaré cómo me fue. ¿Estamos de acuerdo? Si no, todo queda en la teoría. Probaré, y otro día seguimos con el tema.

35

Había una vez, en épocas remotas, un mendigo llamado Latif, muy especial, bastante alegre y muy inteligente. Un día, el rey decidió salir a caminar por el parque de la ciudad y se encontró con el famoso mendigo Latif. Quiso "jugar" con él, y le ofreció una limosna a cambio de una pregunta difícil. Latif se la contestó tan lúcidamente que el rey quedó sorprendido, por lo que sacó de su capa otra moneda, y le preguntó si quería responder otra pregunta.

—Con gusto trataría de responderle majestad —aceptó Latif con algo de curiosidad.

El rey le preguntó algo muy complicado, pero el mendigo respondió maravillosamente, lo que dejó atónito al soberano. El rey pensó que este hombre sería un buen consejero, que necesitaba a alguien como él, y lo invitó al palacio. Luego de comprobar varias veces su inteligencia, lo nombró su consejero.

Con el tiempo, el rey se dio cuenta de que los consejos de Latif tenían para él un gran valor, por lo que de a poco el mendigo fue adquiriendo más respeto, consideración, poder, autoridad y beneficios. Un día, un grupo de cortesanos celosos de aquella posición ocupada por Latif, lo denunciaron ante el rey, en un hecho de conspiración:

—Su Majestad, todas las tardes al bajar el sol, su consejero se reúne en una de las últimas habitaciones del ala derecha del palacio para confabular en contra de usted, pero no sabemos con quién...

El rey, sorprendido, les dijo que no podía ser, ya que Latif era como un hermano para él, pero igualmente quiso comprobar el hecho y observar si a esa hora de la tarde Latif se dirigía hacia el mencionado lugar.

Se escondió en un rincón del pasillo, y vio acercarse a Latif a una de las últimas habitaciones, sacar silenciosamente una llave de entre sus ropas, entrar en la salita, y cerrar la puerta nuevamente con llave. El rey muy preocupado, se acercó hasta la puerta, golpeó y escuchó desde adentro a Latif, preguntó: ¿Quién es?".

—Soy yo, el rey, ábreme, quiero entrar.

Cuando el rey entró, vio que no había nadie más en esa habitación, y solo vio unas ropas viejas, un gorro gastado y un viejo plato de madera.

—Dime, ¿estás conspirando en contra de mí?

—No, Majestad..., ¿cómo conspiraría en contra de ti que eres mi amigo? Me has dado tanto honor en ser tu consejero y tengo tanto bienestar, que te agradezco por lo que soy y por lo que tengo. Vengo aquí todos los días a la hora en que baja el sol, para estar seguro, al mirar mi vieja ropa y mi plato de madera, de no olvidarme nunca de donde vine...

36

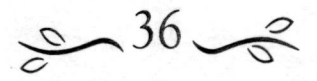

- Lo bueno de lo malo es que no es lo peor.
- La felicidad no depende de lo que tengamos, sino de lo que seamos.
- Quien sigue a otros deja de comprenderse a sí mismo.
- Unos realizan obras sin criticar y otros critican sin realizar.
- Vale más un amor sin casamiento que un casamiento sin amor.
- Diálogo no es sólo un encuentro de oídos y voces, sino de corazones.
- La mejor decisión es la que fue tomada por influencia del amor.
- La tiranía usa el derecho de la fuerza en lugar de la fuerza del derecho.
- La felicidad consiste en permitir que todo acontezca.
- La verdadera alegría siempre es serena.
- Nunca desistas de una buena obra, aun cuando desagrade a otros.
- Las oportunidades se multiplican cuando se realiza cada una de ellas.
- Concentrémonos en lo que importa para la paz y la felicidad de todos.
- La realidad es inexorable: golpea a quien se aparta de ella.
- Si quieres que tu sueño se vuelva realidad, es necesario despertar.
- Si vives para servir, sirves para vivir.
- Podrán cortar todas las flores pero no podrán detener la primavera.
- La puesta del sol trae más luz que el amanecer...

37

Dos profesoras durante el recreo, en el colegio:
—Te noto como cansada. ¿Te pasa algo?
—No, pero ando agotada...
La colega continuó:
—A veces las palabras son impotentes y nos mostramos en cómo caminamos, cómo nos sentamos, cómo miramos con nuestro silencio. Estas cosas por sí solas, también transmiten.
—Yo pienso que deberíamos liberar nuestra mente del pasado acumulado, de todo lo experimentado, lo aprendido, que es como el polvo que junta un viajante. Si no cargáramos ese pasado en la cabeza, nos mantendríamos frescas y jóvenes, no crees?
—Sí. El tiempo aparece sólo en el pasado y en el futuro... Este momento, no está registrado en el reloj, porque el reloj funciona siempre en el futuro, nunca ahora, y si observas el minutero, verás que no se desplaza sino que salta, y el segundero también salta del pasado al futuro; no están aquí y ahora. Así funciona nuestra cabeza...
—Es verdad, porque si estuviéramos comiendo, todo nuestro ser estaría ahí, y no nos estaríamos empujando la comida dentro de la boca, estaríamos más vivas y disfrutaríamos. La persona que vive en el futuro está pensando qué va a comer mañana y dónde, ¡pero el hoy le queda vacante! ¡Así no podemos vivir!
—Para mí, el pensamiento es una fuerza corruptora, es astuto, y cuanto más pensamos, peor es. Creemos que es inteligencia, pero no lo es. Cuando hay inteligencia, no se necesitan los pensamientos. Un pájaro vuela sin seguir un rastro fijo o un sendero dibujado; se mueve a través de su presente, no a través de su pasado.
El marido que vuelve de la oficina piensa cómo será el encuentro con su esposa y planifica interiormente: "Me dará un beso?, ¿Hará tal cosa?". Pero acaso ¿no hay ya amor? ¿No confía en él mismo?
El pensamiento es una máscara y la astucia implica crear una falsa vida. La cabeza crea un mundo de ilusión; con ella empieza la mente a medir: es un día nublado, mañana lloverá, esto es lindo, aquello no, y con la "supuesta educación del reloj", nos mecanizamos y nos agotamos...

38

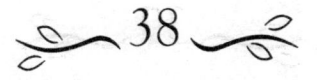

Queridos mamá y papá:

Ya hace tres meses que estoy en la universidad y verdaderamente me demoré en escribirles. Disculpen; ahora los voy a poner al tanto de todo. Ahora estoy mejor luego de la fractura de cráneo que tuve al saltar por la ventana de mi cuarto cuando mi habitación se prendió fuego, pero ahora mis heridas están casi todas curadas. Pasé casi dos semanas en el hospital y mi visión ahora es casi normal. Como el incendio fue por culpa mía, tendremos que pagar siete mil dólares a la universidad, pero ya sé que eso para ustedes no es lo importante, sino el hecho de que yo esté vivo. Felizmente, la lavandera de enfrente, que lo vio todo y llamó a la ambulancia, me fue a visitar al hospital todos los días y ahora me ofreció dormir en su casa. Nos enamoramos perdidamente y nos vamos a casar antes de que su embarazo sea muy evidente. Aún no fijamos fecha, así es que seré papá y sé cuanto ustedes ansían ser abuelos. Estoy seguro que acogerán a los bebés, —¡ah!, son mellizos, con todo el cariño como cuando yo era pequeño.

Lo único que está atrasando nuestra unión, es la sífilis de mi novia, que heredó de su ex marido. Sé que ustedes la recibirán con los brazos abiertos, es muy amable, y aunque sin estudios, tiene mucha ambición, y aunque no sea de nuestra religión, sé que son tolerantes y no les importará que su piel sea negra. Estoy seguro de que la querrán tanto como yo, y como tiene la edad de ustedes, se llevarán muy bien ya que pienso regresar con toda su familia: sus padres y dos hijos de su anterior matrimonio.

Espero que no se hayan asustado con estas noticias, ya que en realidad no hubo incendio, ni traumatismo, ni sífilis, ni mujer negra en mi vida. Lo que sí no les dije fue que me saqué un dos en biología, un uno en matemática y un uno en física, por lo que repetiré el año, pero quise demostrarles que hay cosas peores que unas notas bajas. Un beso y los quiero mucho. ¡Ah, eso sí, manden dinero porque lo que me dieron para el semestre lo gasté en los viajecitos con mis amigos! ¡Chao!

39

- Ningún libro es sagrado; la vida misma es sagrada.
- Busquemos lo que el tiempo no destruye y lo que no se puede robar.
- En el amor, todo es gratuito y espontáneo.
- La semilla contiene el secreto de una nueva vida.
- Señalamos y criticamos errores ajenos para esconder los propios.
- La calumnia tiene dos responsables: el calumniador y quien se la cree.
- No sirve quejarnos del mal; mejor es usar esa energía para el bien.
- Al mal se lo vence con el bien.
- Actuando con amor nada cansa, y el contraste del dolor desaparece.
- Saber hoy qué hacer mañana nos pone a resguardo de la inercia.
- De nosotros depende ser indigentes o nadar en la abundancia.
- Vernos en el otro nos ayuda a saber qué se hace y qué se dice.
- Un anhelo sólo adquiere sentido cuando se transforma en acción.
- Vivir de verdad es dejar los personajes creados para los demás.
- Si no vemos el sol que siempre está, es porque estamos dormidos.
- Vigilemos. Nuestras palabras, gestos, miradas y nuestro caminar, constituyen el ritual que revelamos a cada instante.
- Noventa por ciento de lo que hacemos es ficción, el resto, realidad.
- Noventa por ciento de nuestro cuerpo es agua, el resto, energía.

40

—¡Pamela! ¡Qué alegría verte! ¿Qué cuentas?
—Todo bien Carolina, ¡a ti te veo más enérgica que nunca!
—Lo que me sucede es que descubrí que cuanto más uso mi ser, mi cuerpo, que es como un dínamo, más energía me provee...
—No entiendo. ¿Me estás queriendo decir que cuanto más cosas yo hago, más energía tengo, y cuanto menos me muevo, menos energía tengo? Porque entonces, te contradices con lo que me dijiste la última vez que nos vimos, respecto del vacío, ¿o no?
—Es que todo depende de cómo y de qué estoy pensando, de qué ideas o conceptos estoy manteniendo, de cómo actúo, si con prejuicios o sin ellos... Si piensas que hacer algo, te va a cansar, ¡te vas a cansar!
Mira los árboles: aparece el sol, y de una hoja comienza a evaporarse agua, y entonces más agua comienza a circular desde las raíces. Si las hojas pensaran que al evaporarse el agua de ellas, tendrían sed y perecerían, el árbol moriría, y eso sucede en todas las actividades. Si amas, tienes más amor; si no trabajas, trabajarás menos. Es la ley de la vida. Muchas veces no sabemos el porqué de lo que sentimos.
—Quiere decir que si pienso positivamente, no me cansaré y si pienso negativamente, me cansaré?
Sí; por ejemplo, los pensionados y aposentados piensan que no deben hacer nada y entonces mueren antes de lo que deberían. Una idea puede transformarse en una ayuda o en un obstáculo. Depende. Entonces, antes de alcanzar un estado de "no-ideas", mejor es tener ésta: al dar, siempre se recibe y nunca se pierde. ¿Ves la Creación, que es la Ciencia de las ciencias? Es una dadora incondicional!
—No lo había pensado, no tenía este conocimiento en la realidad; a partir de hoy tomaré conciencia al respecto...
—Tú lo dijiste: conciencia...

41

Había una vez un padre de una familia muy acaudalada que decidió llevar a su hijito de viaje al campo, donde vivía gente trabajadora y humilde, con el propósito de que el niño viera cuán pobre era la gente que vive en el campo y que comprendiera el gran valor de las cosas que él tenía y lo afortunada que era su familia.

Pasaron todo un día y toda una noche en la granja de una familia campesina, muy humilde. Al concluir el viajecito, y ya de regreso en la casa, el padre le preguntó al hijo:

—Y ¿qué te pareció el viaje al campo?

—¡Muy bonito papá!

—¿Viste qué pobre, necesitada y sufrida está la gente? ¿Qué aprendiste?

—Vi que nosotros en casa tenemos un perro y ellos tienen cuatro; que nosotros tenemos una piscina y ellos tienen un riachuelo que corre y no termina nunca; que nosotros tenemos lámparas en el patio y en el jardín, pero ellos tienen todas las estrellas... Vi que nuestro patio llega hasta el borde de nuestro terreno y ellos tienen un vasto horizonte, infinito. Pero especialmente vi que tienen tiempo para conversar y convivir. Tú y mamá trabajan todo el día y nunca los veo...

El padre quedó mudo, y su hijo agregó:

—¡Gracias por enseñarme lo ricos que podríamos llegar a ser!

42

- La caridad comienza por casa.
- No des a la tristeza el lugar de la alegría.
- Un buen árbol no demora en dar frutos.
- No hay una ley que imponga el respeto; éste obedece a una ley natural.
- El conocimiento superior es la base para el amor.
- Sólo se aprende de lo que es diferente.
- Hacer algo sin amor es perder el tiempo.
- ¿Somos seres físicos con experiencias espirituales o somos seres espirituales con experiencias físicas?
- Lo mejor de uno, aunque no guste, es lo que uno es.
- Del laboratorio cósmico sale todo lo que está a nuestro alcance.
- Dónate diariamente cinco para el físico y cinco para el espíritu.
- Buscar el perfeccionamiento no es otra cosa que buscar la propia esencia espiritual.
- La energía y la armonía residen en la actividad y el movimiento.
- Un libro, lo disfrutamos o no lo disfrutamos. Si no lo disfrutamos, alejémoslo; si lo disfrutamos, leámoslo con frecuencia.
- Es tiempo de ser libre, para vivir la paz y la serena armonía, que disuelven todos los obstáculos...

43

Una vez, la profesora Dora convidó a su amiga Lisa a su casa, para comentarle al respecto de su aflicción "educativa":

—No me siento apoyada por la Directora en la Escuela; ella nunca asiste a mis clases y nunca tuvo para mí una palabra de reconocimiento..., —le dijo, a lo que Lisa respondió:

—Mira Dorita, vamos a hacer una pequeña representación escénica. Imaginemos que yo conozco muy bien a la Directora y sé su opinión. La razón por la cual no asiste a tus clases es porque eres la única profesora que no tiene problemas. Ahora dime, ¿cómo te sientes?

—Bueno, ahora me siento bien —respondió Dorita.

Lisa continuó:

Ahora vete un momento fuera de esta sala y Juan (el esposo) que está a mi lado y me escucha, me ayudará. Yo seguiré actuando como Directora, ¿sabes?

Dorita salió y Lisa le dijo a Juan:

—Dora es la peor profesora de la Escuela y no la visito porque no soporto lo que hace... No digo nada para que los alumnos no sufran aún más, pero el próximo año tendremos una nueva profesora...

Juan, quedó expectante por ver cómo continuaba la escena.

—¡Ahora entra Dorita! —le gritó Lisa, y Dorita entró.

—¿Aún te sientes bien? —preguntó Lisa.

—Claro, me siento bien. ¿Por qué?

Juan observó cómo Dorita creía ser apoyada por la Directora y cómo muchas veces lo que pensamos y sentimos es creado por nuestra propia mente..., y en este caso, en lugar de reconocerlo, hasta es probable que Dorita le diga a su amiga: ¡Me mentiste!" —en lugar de decirse: "Me mentí a mí misma!".

44

Dos viejos amigos en un bar:

—Una sobreviviente de un campo de concentración relató una vez lo siguiente: "Mis ojos vieron cosas que ningún ser humano debería presenciar. Cámaras de gas construidas por ingenieros; niños envenenados por médicos doctorados; adolescentes muertos por enfermeras diplomadas, y mujeres y bebés asesinados por egresados universitarios", ¿qué te parece?

—¡Me parece que desconfío de la educación, que produce monstruos eruditos y psicópatas educados! Lectura, escritura, ortografía, historia, aritmética, son importantes sólo si sirven para que seamos más humanos...

—Nadie nos enseña sobre la vida. No nos enseñan cómo ser humanos, ni la dignidad que implica decir "soy un ser humano".

—Para mí, ser mejor como persona implica vivir con alegría, con gratitud y con mucho amor. ¿No es maravilloso? ¡Y pensar que somos todos semejantes!

—Sí, pero si no poseo esa sabiduría sólo puedo dar ignorancia; si no poseo alegría, sólo puedo dar desesperanza.

—Lo que sucede es que todos vemos el mundo diferente aunque es el mismo mundo, y eso es maravilloso. Compartimos el mismo árbol y lo vemos de maneras diferentes.

—Yo, por ejemplo, adoro el otoño, y no quiero alivianar mi jardín de las hojas caídas, pero tengo vecinos muy prolijos y me dicen que tengo el jardín sucio... Un día me ofrecieron limpiarme las hojas y les tuve que decir que no se ocuparan, que yo lo haría, y entonces, junté todas las hojas, luego las entré en la casa y las desparramé en la sala de estar. Entonces, me senté sobre ellas, y fue maravilloso...

45

- Del libro al hecho, hay un gran trecho...
- Si conocemos la alquimia de los contradictorios, somos libres.
- El verdadero enemigo está únicamente dentro nosotros.
- Tradición significa traición al presente, cargando con el pasado.
- Cuando comienza la organización, comienza la corrupción.
- No mires, no escuches y no hables lo que pueda dañarte.
- No pienses, no sientas, no actúes lo que no quieras.
- En dominios abandonados ingresan huéspedes ingratos.
- Enunciar verdades no significa poseerlas.
- Cree en lo que sabes pero no creas en lo que ignoras...
- El espíritu es siempre veloz porque ya tiene el conocimiento.
- Cuando hay conocimiento no es necesario razonar.
- La madurez se alcanza cuando ya no se culpa a nadie.
- Idilio de amor es estar en recreo; convivencia, es estar en clase.
- Quién es o fue tal o cual autor es secundario, porque lo que importa es qué hacemos con nuestras vidas...
- La gratitud es la clave para la felicidad.
- Felicidad rima con amistad y eternidad.
- El verdadero donante sabe que todo pertenece a la Vida Única, y que lo que pasa por sus manos jamás le perteneció.

46

Había una vez un granjero, que un día, encontrándose en el fondo de su granja, vio a otro trabajador rural en el campo vecino. Era un contratista que debía arar esas tierras y que en ese momento estaba reparando la maquinaria con la cual debía terminar su trabajo. Como ya se estaba poniendo el sol, fue a ayudarle, pero resultó imposible la reparación, por lo que el granjero le ofreció llevarlo en su camioneta al Pueblo, temprano a la mañana siguiente, y lo convidó a cenar y a dormir en su casa. Agradecido, el contratista siguió junto al buen granjero rumbo a su linda casa.

Antes de entrar en ella, el granjero se acercó a un gran árbol que había allí al lado de la casa, acarició algunas de sus ramas y pareció decirle algunas palabras.

Luego entraron, y el hombre invitado, aunque quedó intrigado por el hecho, no le dio importancia a la actitud del granjero.

Cenaron y luego se fueron a dormir.

A la mañana siguiente, temprano, salieron de la casa para ir al pueblo y el trabajador rural observó nuevamente que el granjero se acercaba al mismo árbol, moviendo las manos cerca de sus hojas, como diciéndole algo. Una vez ya sentados en la camioneta que los llevaría al pueblo, el contratista no aguantó la curiosidad y le preguntó al granjero:

—No quiero ser indiscreto, pero observé su actitud frente al árbol, a la entrada de su casa. ¿Pasa algo con el árbol?

—No, no; lo que sucede es que yo acostumbro todos los días, luego de trabajar y antes de entrar en la casa, a acercarme a ese árbol y le pido permiso para colgar mis problemas en sus ramas, y al día siguiente al salir al trabajo, me acerco a retirarlos nuevamente. ¿Pero usted sabe lo que me ocurre? Cuando me acerco a descolgar mis problemas me encuentro siempre con que alguno de ellos ya no está...

47

Los dos jóvenes amigos que se conocían desde chicos salieron en bicicleta a recorrer, y cuando ya estaban en las afueras de la ciudad, decidieron descansar bajo un árbol. El menor de ellos, muy investigador, le preguntó a su amigo mayor "que todo lo sabía":

—¿Tú qué piensas: es bueno ser egoísta algunas veces?

—Sí, me parece que sí —respondió el "sabelotodo".

—Pienso que perder el amor por uno mismo es como perder la vida. Miles de personas, todos los años, se internan en diferentes instituciones, y entregan su vida a doctores, terapeutas y "maestros". Pero si optáramos por vivir, optaríamos por libertad, por la creatividad, por el asombro o por el aburrimiento; por cómo y para qué vivir. La palabra "vida", en el diccionario, tiene tres acepciones:

1) Propiedad que distingue a un ser vital de uno muerto.
2) Período de utilidad de algo.
3) Subsistir en plenitud.

Pero ¿vivimos plenamente? ¿O dejamos nuestra vida en manos de otros? Me parece que no elegimos, que no optamos por cómo vivir.

¡Y hasta impedimos a los demás que lo hagan!

Pero te pregunto: ¿vivir supone que yo sea libre, que me ensucie las manos, que me caiga o me estrelle contra algo, que no aprenda, que deje que a mi alrededor, todo suceda, cualquier cosa, sin que me afecte?

—¡Claro! Los angustiados quieren que uno se sienta igual que ellos, y en realidad, debemos acompañarlos, pero con alegría!

Me parece que a todos nos ha llegado la hora de optar, de elegir.

Quizás tengamos que ocuparnos más en des-aprender que en aprender..., y eso de "No seas egoísta", a mí me parece bastante dudoso.

48

- El esfuerzo crea energía y la energía estimula el esfuerzo.
- Quien se expone a la luz del saber no se queja del oscuro destino.
- Ser fecundo en pensar, sentir y obrar, convierte a la vida en fortaleza.
- La autopiedad, hermana de la inercia, encubre conformismo y falsedad.
- No pongamos la vida en el problema, sino el problema en la vida.
- Bastaría con negarnos al cultivo de los errores...
- De nosotros depende pisar espinas o pétalos de rosas.
- Para contemplar las cosas desde lo alto es necesario ascender.
- Todos los problemas surgen del desconocimiento.
- Si no te comparas con otros, evitas que tu felicidad dependa de ellos.
- La verdadera búsqueda consiste en vivir en función de lo eterno.
- No sólo hay que hacer lo que se quiere, sino también querer lo que se hace...
- Amar es oír una sinfonía, es estar sensible a todos y a Todo.
- Quien debe pedir perdón es la mente y no el corazón.
- Seres evolucionados no imaginan; otros usan la imaginación.
- Lo que hace tan difícil conocer la verdad es la ignorancia.
- A mayor actividad consciente, mayor sanación.
- Los que separan cuerpo y alma no tienen ni el uno ni el otro.

49

Había una vez un campesino que tenía dos hijos. Un día, salió con ellos para enseñarles a sembrar, a una fracción de campo que lindaba con el campito del vecino. Lo primero, era airear la tierra con las palas que llevaron. El padre les mostró cómo se hacía; se retiró, y luego de media hora volvió al lugar para ver lo que habían logrado: "No, no, así no es, así no está bien; va ser necesario hacerlo todo nuevamente, y ya que estoy aquí, aprovecho para enseñarles cómo se hacen los surcos con esta surcadora manual."

Después de media hora regresó al lugar para ver lo que sus hijos habían realizado, y les dijo: "No, los surcos así no. Vuelvan a hacerlo mejor..."

Y ya que estaba en el lugar, aprovechó para mostrarles cómo se colocaban las semillas en los surcos.

Después de media hora regresó por tercera vez, revisó el trabajo que habían realizado sus hijos y exclamó:

"¡Pero no, así no se ponen bien las semillas...! Ahora nuevamente será necesario hacer los surcos y ponerlas nuevamente, mejor".

Apoyado en el alambrado estaba el campirano vecino, quien miraba y escuchaba con curiosidad lo que estaba sucediendo. Pasó por el alambrado y se arrimó al campesino:

"Perdóneme usted que me meta en lo que no me corresponde, pero estaba mirando todo y así moviendo tanto la tierra y poniéndole tanta semilla, usted no va a tener una buena cosecha... No sé que es lo que está enseñando con este mecanismo, pero así, no va a cosechar bien".

Y don campesino le contestó:

"Depende de lo que usted crea que yo quiero cosechar...".

"Trigo...", le dijo el vecino.

"No, no, yo quiero cosechar hombres de bien..."

50

Nuevamente sentados en el mismo café de la plaza, Joaquín y Paula conversan de todo un poco mientras ella fuma un cigarrillo y emite la siguiente queja:

—No sé qué hacer, porque desde que decidí dejar de fumar, parece que es peor, sigo fumando...

Joaquín quedó pensativo y luego habló:

—Tal vez no sea cuestión de dejar, sino de comprender.

Te doy un ejemplo: el agua debe calentarse para su evaporación, y la evaporación es repentina, pero el calentamiento lleva tiempo. Cuando calientas agua, va alcanzando temperatura gradualmente, pero la evaporación, acontece en un momento; del agua al vapor, hay un salto, y el agua desaparece. La comprensión es como el calentamiento. En lugar de abandonar tu característica de fumar, profundiza la comprensión en ella: no trates de transformar el agua en vapor sin antes calentarla. ¿Entiendes lo que quiero decir? Pienso que si profundizas la comprensión respecto de tu adicción al cigarrillo, estarás acertada y si ésta desaparece sin la previa comprensión, no dará resultado. Así es como también la furia por ejemplo, desaparece, y la compasión se profundiza. La ambición desaparece y la solidaridad se profundiza, el sexo desaparece y el amor se profundiza, pero comprendiendo primeramente.

Y Paula, preocupada, le preguntó:

—Pero qué es lo que debo comprender?

—Que hay algo más importante aún, y es que siempre que uno renuncia a algo sin comprenderlo, es peor, queda más atado a lo cual renunció, y mientras uno sigue luchando, más poder le da al instinto. ¿Lo entiendes? La única manera de salir de hábitos negativos o de reacciones instintivas es observando su verdadero valor, porque si no, quedamos como hipnotizados, creyendo. ¿Sabías que un pecador no es más que un hombre que no comprende, y que un hombre sagrado no es más que un hombre que comprende?

—No, no lo sabía...

51

- El valiente desvía la bala y el temeroso la atrae.
- Quien se junta con hombres-loros termina a los picotazos.
- No deseches un consejo, pero observa de quién proviene.
- En lugar de esperar de la vida, mejor es hacer algo por ella.
- Al nutrirnos de ideas ajenas, ofrezcamos algo a cambio.
- Inculcar creencias en un niño es anular lo bueno de su herencia.
- El falso saber estraga la propia voluntad por causa del engaño.
- Las experiencias cobran alto precio al ignorante.
- Los pensamientos dominantes se evidencian a través de la voz.
- No podemos vivir si renunciamos a buscar la armonía.
- No se trata de tener ganas de vivir sino de saber para qué vivir.
- La conciencia nos conduce al océano de la sabiduría.
- La humanidad no hará caso de ti mientras no hagas caso de ella.
- Somos mucho más de lo que somos.
- Poseemos lo que no podemos perder en un naufragio.
- Una hora diaria ocupada para tu alma te ahorra años de dolor.
- Las futuras semillas crecerán en un campo sin insectos.
- Para quien lo sabe amar, el mundo se hace pequeño, como una canción.

52

Le preguntaron a Beethoven lo que quería expresar con la *Tercera Sinfonía*. El músico contestó: "Si yo pudiera expresar su significado con palabras, no hubiera necesitado expresarlo con la música...". Sólo los sensibles y los que tienen sentido de humor son capaces de disfrutar la belleza.

Tenemos la palabra "Dios" asociada a ideas con las que nos han programado, y somos incapaces de sentirlo y describirlo en nuestra vida corriente y cotidiana y en las personas que pasan a nuestro lado continuamente. Los que aman la belleza son capaces de captar a Dios porque aman a la vida y a las personas. El amor es clarividente, y cuando ya no nos haga falta agarrarnos de palabras y de ideas, todo se convertirá en algo bello y revelador de vida y de mensajes. Las Iglesias oficiales y organizadas, se han dedicado a enmarcar y encasillar al ídolo, cosificándolo, sin saber ver lo que en realidad significa. La mejor manera de acercarnos a la verdad es pasar un tiempo observando la naturaleza y a las personas, como seres nuevos, sin preconceptos, sin ideas, sin memoria, escuchando desde nuestro corazón abierto, con la mente libre, comprendiendo y amando. Ésta es la mejor de las oraciones y de las acciones.

Habremos encontrado el manual, para comprender mejor nuestra propia vida.

Un viejo barquero, transportaba turistas peregrinos hacia un renombrado Santuario. Un día, alguien le preguntó:

—Y usted, ¿visitó el Santuario?

El barquero respondió:

—No, todavía no, porque aún no he descubierto todo lo que el río tiene para ofrecerme... En este río encuentro paz, sabiduría, a Dios...

Sin embargo, los peregrinos no podían ver el río, sus mentes estaban fijas en el renombrado Santuario...

53

Había una vez un joven, que decepcionado y amargado, por la forma inhumana en que se comportaban las personas a las que aparentemente no les importaba nada ni nadie, decidió ir a pasear por el monte y de pronto se sorprendió al ver una liebre que le llevaba comida a un tigre herido, que no podía valerse por sí mismo.

Le impresionó tanto ese hecho que volvió al monte al día siguiente para ver si este comportamiento de la liebre era casual o si continuaba.

Con sorpresa comprobó que la escena volvió a repetirse.

Después de unos días, el tigre recuperó sus fuerzas y pudo ir por sus propios medios en busca de su alimento.

El joven admirado por la cooperación y la solidaridad entre los animales, se dijo a sí mismo:

"No todo está perdido. Si los animales son capaces de ayudarse, mucho más lo haremos las personas". Y decidió hacer la experiencia.

Fue al centro del barrio donde vivía, se recostó sobre el suelo simulando estar herido, y esperó que pasara alguien que se le acercara y le ayudara, pero pasaron las horas y nadie se acercó en su ayuda. Estuvo allí todo el día, esperando.

Ya se estaba por levantar, muy deprimido, y con la convicción de que la humanidad no tenía remedio, cuando sintió en un momento, la desesperación del hambriento, la soledad del enfermo, la tristeza del abandonado y, con el corazón devastado, y sin deseos de vivir, oyó, con claridad, dentro de sí, una voz serena, que le decía:

"Si quieres encontrar a tus semejantes y sentir que todo vale la pena, comprendiendo a la humanidad, deja de hacerte el tigre y simplemente trata de ser como la liebre".

54

- Una piedra jamás me irrita a menos que esté en mi camino.
- Rico no es quien más tiene sino quien menos necesita.
- A mayor contaminación, mayor oportunidad de liberación.
- Es necesario disolver la preocupación por el nivel alcanzado.
- Las tradiciones pierden su virtud cuando no evolucionan.
- El conocimiento superior es el puente hacia el Creador.
- La inflación mental se neutraliza con la valorización espiritual.
- El problema social no se resuelve con gritos y amenazas.
- Pan y literatura; somos lo que comemos y lo que leemos?
- El verdadero saber confiere seguridad.
- Una perla es un templo que el dolor edificó en un grano de arena.
- Recordar es un encuentro, y olvidar es una liberación.
- El engaño a veces triunfa, pero siempre acaba en suicidio.
- El deseo de estar ocupados nos impide desprendernos del ego.
- Abandonando el yo, empezamos a ser nosotros...
- El hombre se encontrará en la humildad de su corazón, en la inocencia de su alma, en la pureza de su espíritu, y desde allí, con la mente limpia y resplandeciente, gustará las excelencias inefables de la vida superior.

55

¿Recuerdas, Joaquín, cuando hablamos sobre la educación y yo estaba preocupada por la de mis hijos y me dijiste que no podemos desarrollar nuestras singularidades o individualidades? Bueno, eso, lo entendí. Ahora, ¿qué es para ti la cultura?
—Para mí, las culturas, son ideas que separan...
Una vez, un niño blanco, perdido en la selva, se crió en una tribu de diferente cultura. Creció y se casó. Un día, la mejor amiga de su mujer enviudó y ésta le pidió que por favor fuese a su choza a consolarla, con mucho amor.

Él no entendía bien; sin embargo, cumplió con el pedido, y al regresar a su choza, su mujer le dijo: "Yo sabía que eras un buen hombre, que eras compasivo; estoy orgullosa de ti y ahora te quiero mucho más todavía." Las culturas son programas en nuestras mentes. El éxito y el fracaso no existen. La belleza y la fealdad no existen, todo consiste en cómo ve las cosas cada cultura... Patria, raza, idioma, pueblo son formas programadas en nosotros. Si estamos programados, somos robots.

Tu cultura, nacionalidad, regionalidad, te fueron estampadas como un sello. No las elegiste. No pudiste decidir y sigues con ellas colgadas como una piedra al cuello.

Sólo lo que se decide internamente es auténtico. Lo que haces como hábito te hace esclava de lo que crees. No se puede Vivir, en el pasado. El amor es sinceridad, y la espiritualidad nace de uno mismo, y cuanto se es más uno mismo, más espiritual se es.

Tomemos por caso la comunicación. Son las diferencias las que permiten conectarnos, y no las semejanzas. Hay razas que esto no lo entienden.

Imagínate por un momento que no hay diferencia entre tú y yo. ¿Qué podría decirte que tú no supieras? ¿Qué podrías brindarme? La palabra "cerca" define proximidad pero también define a un elemento de separación y de diferenciación. Cuando mi intención es estar cerca, recién ahí podré comunicarme, siendo diferente..."

56

Había una vez, en un país lejano de Oriente, tres hombres extraordinarios, que simplemente reían...
Estas tres personas hermosas contagiaban su risa a todos lo que estaban cerca. Si asistían al mercado diario, un lugar de bullicio y ambiciones, y donde la gente pensaba únicamente en los problemas cotidianos, como el dinero, éste lugar se transformaba en un ambiente diferente.
Viajaban constantemente, de un pueblo a otro, y siempre la gente triste, enojada, celosa o egoísta, cuando los veía reír, cambiaba lentamente, y hasta se ponía a reír con ellos también.
Un día, uno de los tres, murió, desencarnó.
La gente empezó a decir:
"Veremos si ahora se siguen riendo. Se pondrán a llorar...".
Cuando se acercaron a la casa del amigo fallecido, los dos amigos del muerto, danzaban, reían y celebraban la muerte de su amigo.
La gente dijo:
"Pero cuando una persona muere, reírse y danzar, está fuera de lugar!", y los amigos entonces les explicaron:
"Hemos disfrutado y celebrado siempre junto con él, y es el único adiós posible para nosotros. Además, no nos parece que está muerto, porque la vida y la risa no mueren, son eternas, y la celebración continúa...".
Cuando llegó el momento de cremar el cuerpo del amigo, como era la tradición, el trascendido había pedido que lo incineraran con la ropa que llevaba puesta, y cuando el cuerpo fue puesto al fuego, ante todos los presentes, como el anciano había ocultado algo bajo sus ropas, hermosos fuegos artificiales comenzaron a provocar un festival, y los amigos allí presentes, sorprendidos, empezaron a festejar... Los demás, luego se contagiaron y junto con ellos danzaron, transformando a la muerte en resurrección, y a la tristeza en celebración...

57

- La conciencia se manifiesta a través de la conducta ejemplar.
- La inocencia siempre revela la pureza natural del alma.
- La sensibilidad se perfecciona y se enaltece con conocimientos.
- Quien menciona de sí sus aciertos comete un error.
- Dichosos si podemos ser lo que nos dictó nuestro corazón.
- Mas vale conocer la verdad que ignorarla por temor...
- Todo se descubre y nada es oculto a la claridad del corazón.
- La mejor religión es un buen corazón.
- La mejor oración es una buena acción.
- La tortuga puede hablar más que la liebre acerca del camino.
- Cada momento de luz y de oscuridad, constituyen un milagro.
- Detrás de cada rostro hay siempre un hermoso misterio.
- Nos dijeron orar siete días y siete noches. Significa siempre.
- No se puede amar si se depende emocionalmente...
- Muchos sacrifican la conciencia para salvar la apariencia.
- Los que saben no dicen, y los que dicen no saben.
- Donación plena es ofrecer algo que nos es necesario sin sentir su falta...

58

En una ciudad judía llamada Lublin, se encontraron tres hombres importantes:
El rabino del barrio, el rabino de la ciudad y el rabino de Polonia. Los tres tomaban un té en un restaurante, mientras el mozo, Schimel, barría el piso...
De pronto, el rabino del barrio, luego de suspirar, dijo en voz alta:
"Cuando pienso en Dios, me siento tan poca cosa...".
El rabino de la ciudad, no quería demostrar menos humildad, y levantando su taza, dijo:
"Brindemos por tu buena fortuna; te sientes poca cosa, qué suerte, en cambio cuando yo pienso en Dios, me siento nada...".
El gran rabino de Polonia escuchó a los dos, pensó un minuto y dijo:
"Los escucho y me lleno de envidia. Ustedes se sienten poca cosa o nada. Cuando yo pienso en Dios, me siento menos que nada...".
Un gran silencio se produjo, y sólo se escuchaba el sonido de la escoba del pobre Schimel...
Los tres miraron al mozo, quien dejó de barrer y los observó azorado, conturbado. Los rabinos le preguntaron:
"Qué tienes para decir?".
El pobre recordó lo que estos tres hombres más importantes de Polonia acababan de expresar y pensó, que si ellos se sentían poca cosa, nada, y menos que nada, qué le quedaría a él, y sin saber qué decir, Schimel simplemente se encogió de hombros...!
Los tres rabinos se miraron, luego miraron al mozo, que seguía encogido de hombros, y al unísono le gritaron:
"Pero quién te crees que eres!?".

59

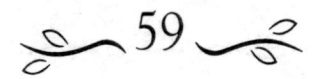

"Había una vez, en un pueblo chico, una joven mujer llamada Clara, que siempre creyó que era muy fea. En realidad no era especialmente dotada o agraciada, pero ella creía, sufría e insistía, en que nadie la iba a querer porque ella no era bonita.

Como en el pueblo era costumbre casarse y tener hijos, y ella supo que en el pueblo había un joven ciego que era soltero, pensó que a él no le iba a importar que ella fuese fea y quiso conocerlo.

Luego de conocerse ambos, de hacerse amigos y además de seducirse, terminaron casándose. Formaron un matrimonio en el cual fueron muy felices y tuvieron dos hijos.

Un día llegó al pueblo un famoso cirujano, que le dijo a la familia del muchacho que podía curar algunos tipos de ceguera, por lo cual lo llevaron a consultar a este médico, para que lo revisara.

El médico le dijo que quizá con una operación podría muy bien recuperar la vista.

El joven se fue a su casa a contárselo a su mujer y ella se puso peculiarmente contenta. Después ella misma fue al médico para preguntarle sobre esta operación, y el cirujano le dijo que era una operación de muy poco riesgo y que era bastante posible que el marido recuperara la visión.

La joven mujer regresó a su casa y se puso a llorar. Temblaba pensando en la consecuencia de que su marido recuperara la visión, ya que seguía insistiendo y creyendo que era fea. Se acercó a su marido y le dijo: "Para qué queremos correr este riesgo... Piensa si algo te pasa..., yo no quiero que te operes..., pienso que algo malo te puede pasar...".

El marido le agradeció, pensando que la de ella era una actitud amorosa, y le avisó al médico, que no se iba a operar...

60

- El más grandioso ejercicio espiritual es vigilar la propia conducta.
- Si no estamos dispuestos a morir, no estamos preparados para vivir.
- Intuición y percepción son los brazos del espíritu.
- ¿De qué nos vale conocer una verdad si no la ponemos en práctica?
- En lo físico todo es efímero; en lo metafísico todo perdura.
- Reconocer un error no significa enmendarlo.
- Sólo corresponde señalar un error cuando se ayuda a corregirlo.
- Cada cual es feliz o desdichado según sus propios pensamientos.
- Nada es profano para quien sabe observar, pues todo es sagrado, pero no discutamos con las piedras que estorban nuestro camino...
- La muerte es el momento en que termina el morir.
- Un gran amor se perfecciona y se profundiza de a poco.
- Hay hombres que se prestan a todos y no se dan a nadie.
- El control de la energía sexual libera de la esclavitud del dinero.
- Quien no se encuentra atareado naciendo, se halla atareado muriendo.
- Las fuerzas del bien y del mal son factores esenciales en la vida.
- No hay barrera que no pueda ser vencida, ni oscuridad que no pueda ser iluminada.

61

Aquellos jóvenes amigos, el uno inquieto y preguntón, y el otro sereno y observador, por esas misteriosas coincidencias que hacen que se junten los polos opuestos, volvieron a encontrarse, y entablaron este simple e interesante diálogo:

—¿Será verdad que el problema del hombre es que no puede vencer su instinto? —le preguntó el menor al mayor.

—Sucede que el instinto es parte de su naturaleza, y para destronarlo necesita inteligencia pero unida al corazón, unida al sentir de su voluntad, a un anhelo profundo. Una vez me contaron una pequeña anécdota, un diálogo entre dos indios, que me ayudó a comprender lo que nos sucede.

Había una vez, en la selva del Brasil, un indio carajá que sintió la necesidad de visitar a un indio anciano que tenía el título de conocedor, por su experiencia en la vida, y ni bien bajó el sol, se dirigió a la choza donde éste vivía solo, para consultarle sobre una inquietud profunda que sentía y que lo mantenía preocupado:

"Amigo Viejo, ando medio mal porque siento que dentro de mi están habitando el águila y la hiena. Siempre pelean por alimento... A la primera le gusta volar alto y observar todo desde arriba, dándome alegrías; pero luego, a la otra, que le gusta andar bajo y robar todo alimento posible que encuentra en el camino, me produce finalmente un sentimiento desagradable, y muchas veces siento temor de no saber cuál de las dos es la que va a ganar... ¿Tú, qué me dices? ¿Qué me aconsejas?"

—Yo pienso que todos tenemos esas dos fuerzas dentro de nosotros, y el problema es más simple de lo que imaginas: Ganará y sobrevivirá aquella a la que más alimentes...

62

Había una vez una mina de piedras preciosas, en la que trabajaba un grupo de seis mineros, con sus lámparas a gas sobre la frente y sus detectores de oxígeno.

Mientras estaban trabajando, escucharon, de pronto, un estruendo provocado por un derrumbe.

Observaron que la entrada de la mina quedó obstruida por completo, quedando los seis mineros dentro del túnel, con la consiguiente angustia.

Como sabían que el oxígeno se acabaría en el plazo de tres horas aproximadamente, el jefe del grupo le ordenó al único minero que llevaba un reloj en su muñeca, que avisara a los demás cada media hora transcurrida.

El minero portador del reloj alargó la primera media hora y recién a los cuarenta minutos, comunicó que había transcurrido la primera media hora... Luego cada cuarenta y cinco minutos, comunicó la siguiente media hora transcurrida ahí dentro.

La cuadrilla de rescate que estaba afuera de la Mina y que llegó para auxiliarlos, demoró cuatro horas en poder entrar, y pensando que los mineros naturalmente estaban muertos, se encontraron sorprendidos, con que cinco de ellos estaban con vida y sólo uno había muerto: el minero que tenía reloj...

63

- Ponerse a la altura de quien busca ayuda es verdadera humildad.
- Unas gotas de tinta bien usadas podrían cambiar el mundo.
- No se puede conocer la verdad sin antes eliminar lo que la vela.
- Sólo en la mente están las causas de lo que acontece en el mundo.
- ¿El objetivo de nuestra vida es amarla para luego disfrutarla?
- Los conocimientos superiores están para aquellos que los anhelan.
- Dar excesiva importancia a cosas pequeñas es empequeñecerse.
- Conociendo la ley natural, el hombre se hace invulnerable al mal.
- Inconscientemente, el tiempo pasa; conscientemente, se lo retiene.
- No todos los muertos están bajo las tumbas, y no todos los vivos son los que respiran.
- Doble personalidad es lo que se es junto a lo que se imagina ser.
- La política siempre se caracterizó por el embuste demagógico.
- Cuanto más estable estemos, mayores oportunidades tendremos.
- Sólo se trata de ajustar la materia a la realidad superior.
- El saber se consuma cuando el conocimiento es asimilado.
- El drama de la vejez no es ser viejo, sino haber sido joven...
- La risa no conoce etiquetas; en su estado natural, está su belleza.

64

Había una vez, una laguna de agua transparente y cristalina a la que se acercaron para bañarse, en mutua compañía, la tristeza y la furia.

Las dos se quitaron sus vestimentas, las dejaron en la orilla y entraron en el agua para disfrutar el baño.

No pasó mucho tiempo y de pronto la furia, atolondrada como siempre, con prisa y urgida, sin saber por qué, salió rápidamente del agua. Como la furia es medio ciega y no distingue claramente la realidad, así, desnuda y apurada, se puso al salir la primera ropa que encontró. Y ocurrió que esa ropa no era la suya sino la de la tristeza.

Vestida de tristeza, siguió su camino.

En aquel hermoso lugar de la laguna calma y serena, dispuesta a quedarse donde estaba, la tristeza terminó tranquilamente su baño, y despacio, sin conciencia del paso del tiempo, con pereza y lentamente, salió de ese bonito paraje.

En la orilla encontró que su ropa ya no estaba y como a la tristeza no le gusta quedar desnuda, se puso la única ropa que había: la ropa de la furia.

Cuenta la leyenda que, desde entonces, muchas veces cuando nos encontramos con la furia, ciega, cruel y enfadada, si miramos bien, vemos que es sólo su disfraz...

Detrás del disfraz de la furia, está escondida la tristeza.

65

Había una vez, en un pueblo, dos hombres que se llamaban José González. Uno era sacerdote de la parroquia y el otro era taxista.
Quiso el destino que los dos murieran el mismo día.
Llegaron al cielo, donde los esperaba San Pedro.
—¿Tu nombre? —le preguntó San Pedro al primero.
—José González.
—¿El sacerdote?
—¿No, no, el taxista. San Pedro consultó su planilla y le dijo:
—Bien, te has ganado el paraíso. Te corresponde esta túnica labrada con hilos de oro y esta vara de platino con rubíes. Puedes ingresar...
—Gracias, gracias... —dijo el taxista.
Pasaron tres personas más, y le tocó el turno al otro.
—¿Tu nombre?
—José González.
—El sacerdote...
—Sí.
Muy bien hijo mío. Te has ganado el paraíso. Te corresponde esta bata de lino y esta vara de roble con granito. Y el sacerdote le dijo:
—Perdón, pero debe haber un error. ¡Yo soy José González, el sacerdote!
—Si, hijo mío, te has ganado el paraíso y te corresponde la bata de lino."
—¡No, no puede ser! Yo conozco al otro señor; era un taxista, vivía en mi pueblo, ¡y era un desastre como taxista! Se subía a las veredas, chocaba todos los días, una vez se estrelló contra una casa, se llevaba todo por delante, ¡manejaba muy mal! Yo, en cambio, me pasé setenta y cinco años de mi vida predicando en la parroquia. ¿Cómo puede ser que a él le den túnica con hilos de oro y a mí ésta? ¡Debe haber un error!
—No, no es ningún error. Lo que sucede es que ahora, aquí en el cielo, nosotros nos hemos acostumbrado a hacer las evaluaciones como las que hacen ustedes en la vida terrenal.
—¿Cómo? No entiendo...
—Claro, ahora nos manejamos por resultados. Te lo explicaré con tu caso y lo entenderás enseguida: durante los últimos veinticinco años, cada vez que predicabas, la gente se dormía, pero cada vez que él manejaba, la gente rezaba. Resultados, ¿ves? ¡Resultados!

66

- Para que el árbol pueda nacer, la semilla debe morir.
- No hay honor más preciado que ser súbdito de la Creación.
- Cuando abandoné mi educación, comencé a ir a la Escuela.
- El amor necesita estímulos para aumentar su dimensión.
- Amar también es dejar que las cosas sucedan...
- El dinamismo del siglo descubre la vida interior.
- Las leyes naturales están exentas de vestiduras formales.
- La maldad existe, pero no es innata.
- La maldad es el resultado de la ignorancia.
- La ignorancia es el resultado de la falta de educación.
- La maldad se combate con más y mejor educación.
- Los hombres son malos, pero el hombre es bueno.
- Mal de muchos, consuelo de todos.
- No hay mal que por bien no venga.
- El mal es un factor de evolución.
- Si cerramos la puerta a los errores, dejamos afuera la verdad.
- Competir es el camino del odio; compartir, el camino del amor.
- El eco se ríe de su origen diciéndole que el original es él...

67

Este anuncio atrae siempre a los niños: "Vendo cachorritos". Apareció un niño preguntando cuál era el precio de los perritos y el dueño del local le contestó: "Treinta y cincuenta pesos".

El niño metió la mano en su bolsillo y sacó unas monedas.

—Sólo tengo dos pesos con cincuenta centavos. ¿Puedo verlos?

El vendedor sonrió y se retiró silbando.

Desde el fondo del negocio apareció una perra con cinco cachorritos y uno de ellos cojeaba.

—Qué le pasa a ese perrito? —preguntó el niño.

—Nació con la cadera defectuosa, por lo que va a cojear por el resto de su vida".

El niño se emocionó y exclamó:

—Ése es el perrito que quiero comprar!.

—No, no puedes comprar ese cachorro... si realmente lo quieres, te lo regalo.

El niño, disgustado, miró al vendedor a los ojos y le dijo:

—Yo no quiero que usted me lo regale; él vale tanto como los otros perritos, y yo le pagaré el precio completo. Le doy mis dos pesos y cincuenta y le daré todos los meses cincuenta centavos hasta completar el precio.

—Pero tú no querrás comprar ese perrito; nunca será capaz de correr, saltar, y jugar como los otros.

El niñito se agachó, se levantó el pantalón de su pierna soportada por un aparato de metal, miró al vendedor y le dijo:

—Yo no puedo correr bien tampoco y el perrito necesita alguien que lo comprenda.

Los ojos del vendedor mostraron unas lágrimas:

—Rezaré para que todos los cachorritos tengan un dueño como tú, que los aprecie incondicionalmente, un verdadero amigo, que llega cuando todos los demás se van...

68

Un buen día, Carolina pasó a visitar a su amiga Pamela, y le llevó un librito chico que tenía, lleno de axiomas, máximas o aforismos, que ella había leído con mucho placer.

—¿Y quién es este autor? —le preguntó Pamela.

—Te responderé contándote lo que me pasó hace muchos años, cuando se puso de moda leer libros del famoso hindú, J. K., que a los catorce años había sido proclamado "Instructor del Mundo", y después le fue impuesta la "Orden de la Estrella de Oriente", hechos que al mismo joven le parecieron aberrantes. En esos años, sus libros no mostraban en la solapa su biografía ni su foto y yo recuerdo que le pregunté al librero que me recomendó leerlo, quién era el autor...

Me dijo que lo importante no era saber eso sino conocer lo que decía, si servía o no, para vivir mejor. ¡No quise comprarlo! ¿Cómo iba a leer algo sin saber de quién era, sin conocer su trayectoria? ¡No! Así, no iba a poder creerle! Recién después de la muerte del escritor hindú, sus libros salieron a la venta como los lectores querían:

Con biografía y foto, a pesar de que dentro de sus libros decía:

"Quien se fija en un autor o maestro en lugar de vivir su enseñanza es corrupto e implica una grave irresponsabilidad, ya que todo lo que hacemos o no hacemos afecta a los demás." También decía:

"Alguien nos puede brindar y señalar, pero somos nosotros mismos quienes debemos saber observar." Y también decía:

"Quien sigue a una autoridad, jamás aprende ni podrá conocerse."

"Ningún libro es sagrado; sagrada es la vida que vivimos."

"Un autor sirve para movilizarnos; no es un lazarillo para apoyarnos."

"Si vemos un árbol, decimos su nombre, una palabra, y con ella lo negamos, en lugar de mirarlo sin una sola palabra, sin un nombre, sin un rótulo, pero sí con todos los sentidos, escuchándolo, oliéndolo, sintiéndolo y abarcando su totalidad."

"Lo importante es la relación, y los pensamientos impiden a la inteligencia su acción."

Pamela, hoy leo un libro y si siento que es bueno, lo mantengo. Es tu sensibilidad la que decide, no tus prejuicios, creencias o preconceptos.

69

- Cuando se acaban las palabras, comienza la música.
- Si amamos la cara del prójimo, conocemos la cara de Dios.
- La maduración de conciencia nos lleva a un desapego emocional.
- Miremos el universo elevando nuestras manos con reverencia.
- El amor es la ausencia total de miedo.
- La mente superior atrae el bien; la inferior, lo aleja.
- Siendo dueños de nuestra mente, seremos dueños de nuestros actos.
- Jamás nos arrepentiremos de haber hablado bien de los demás.
- Que nuestras palabras y nuestros actos estén ligados entre sí...
- Paz no es ausencia de problemas, sino habilidad para enfrentarlos.
- Paz no significa estar distante o desinteresado...
- "Felicidad" es el transporte a utilizar durante toda la vida, y aprendiendo a manejar las leyes naturales, nunca chocaremos.
- Es imposible estar agradecido y no estar feliz...
- El dolor es la manera de enseñarnos dónde está el amor.
- Amor puro y devoción están exentos de emoción.
- La vida se evalúa en base a cómo transito y no a cuánto consigo.
- La sabiduría implica la unión entre el Cielo y la Tierra...

70

Llegó el verano y ambos jóvenes comenzaron a disfrutar del agua.
Mientras se secaban al sol, al borde de la piscina, el chico le preguntó al grandote:
—Tú que eres tan "sabio", ¿me podrías decir cómo se llega a la verdad? —imaginando que el otro no iba a saber responder...
El amigo le respondió invitándolo a entrar en la piscina; luego tomó su cabeza y la sumergió en el agua hasta el momento justo en que debía retirarla, y le preguntó:
—Mientras estabas sumergido, pensabas acaso en lindas mujercitas o en tener más dinero o en cómo adquirir mayor personalidad?
—¡¡¡No!!! ¡Sólo pensaba en la necesidad de respirar! —contestó el chico.
—¡Bueno, cuando sientas con ese mismo impulso, la necesidad de buscar la verdad, estarás en el camino de encontrarla...

Pasaron unos cuantos minutos y nuevamente el amigo preguntón quiso saber: "¿Qué tengo que hacer para tener libertad?".
Y nuevamente la respuesta fue una pregunta: "¿Quién te esclavizó? Anda a nadar un poco y después me respondes, ¿quieres?".
Cuando el amigo investigador regresó, le dijo:
—En realidad, nadie me ha esclavizado, pero...
—Entonces ¿para qué quieres libertad?
En ese momento, el joven inesperadamente alcanzó su liberación.
No pasó mucho más tiempo, y al curioso se le ocurrió otra:
—Ser bueno, ¿qué es? ¿En qué consiste la bondad?
—Mira a tu alrededor. ¿Te has dado cuenta de cómo consideramos impertinente el defecto de un semejante? ¿Somos o no somos semejantes? Creemos que somos buenos, pero basta mirar para ver cómo reaccionamos y fallamos; practicar la bondad no cuesta nada; y si no cuesta nada, ¿por qué no donarla? ¿Sabes en qué consiste ser bueno? En ser consciente...

71

Cuentan que hacía varios meses, un hombre joven vivía asustado por terribles pensamientos que lo atormentaban, sobre todo durante las noches. Se acostaba temiendo no ver el amanecer y no conseguía dormirse hasta que el sol despuntaba. Un día, este joven supo que un conocido Maestro llegaría hasta el Pueblo, y pernoctaría en una carpa en las afueras. Dada la fama que precedía al visitante, decidió no perder la oportunidad y a la madrugada siguiente, sin que nadie se diera cuenta, lo fue a visitar a su tienda armada junto a un río. Cuando llegó, el Maestro meditaba, pero luego, con plácida expresión, lo miró a los ojos.

—Maestro, ayúdame, terribles pensamientos asaltan mis noches, no tengo paz ni ánimo para descansar y dicen que tú lo resuelves todo.

—Te contaré un cuento —sonrió el Maestro—. Un hombre rico mandó a su criado al mercado, y antes de llegar, se le cruzó la Muerte, que lo miró fijamente a los ojos. El criado empalideció de susto y se volvió corriendo a la casa de su amo: "Amo, por favor, dame un caballo y dinero para escapar de esta ciudad. Si salgo ahora mismo, llegaré a Tamur antes del anochecer. Acabo de encontrarme con la Muerte que me miró extrañamente a los ojos... ¡Por favor!

—Bueno, está bien. Ten aquí y llévate el caballo negro que es veloz. El hombre acaudalado decidió ir él mismo al mercado y buscó a la Muerte y le preguntó: "Por qué asustaste a mi sirviente?".

—Yo no lo asusté, lo miré sorprendida, pues se suponía que debía recogerlo en Tamur esta noche!

Habiendo terminado de relatar el cuento, el sabio le preguntó al joven, si lo había entendido.

—¡Claro, Maestro! Intentar escapar de malos pensamientos es salir a buscarlos. Huir de la muerte es ir a su encuentro. Tengo tanto que agradecerte. Siento que desde esta misma noche dormiré tranquilo recordando este cuento y me levantaré sereno cada mañana.

El anciano repuso:

—Desde esta noche no habrá más mañanas.

—No entiendo —dijo el hombre joven.

—Entonces, no entendiste el cuento —dijo el Maestro, y el hombre sorprendido vio que la expresión de la cara del Maestro ya no era la misma...

72

- Experimenta lo que estudies y estudia lo que experimentes.
- No puede haber evolución sin cambios.
- Cambia, pero sin desprenderte de tus valores.
- Vivimos fragmentados por desconocer las leyes superiores.
- ¿Podemos percibir las vibraciones de nuestro propio espíritu?
- La mente superior es la antena receptora del corazón.
- Cuando actúa la conciencia, se vive con ciencia.
- Enamorado del ser interior está quien se deja llevar por él.
- La cura nace del silencio, colmado por energías superiores.
- Las cosas eternas están exentas de prisa.
- Dale la razón al otro, si tienes; si no, no podrás darle.
- No se puede dar lo que no se tiene.
- Cada vez que la verdad asienta pie, aplasta a la mentira.
- Según como siembres, será la cosecha.
- El verdadero orden florece cuando comprendemos el desorden.
- Bebe el vino pero no dejes la copa vacía.
- Para despejar las sombras a tu alrededor, ilumínalas.
- Es mejor sumarle a la mesura, la pasión y la diversión.

73

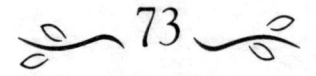

Tomando el café de la media mañana, Paula le comentó a Joaquín: "Te acuerdas de lo que hablamos sobre la educación y la cultura? Siempre dudé del poder de un maestro por el solo hecho de llamarse maestro, y es más, hasta pienso que puede ser antipedagógico".

—No sé bien a qué te refieres, de entrada nomás te digo que todos deberíamos ser maestros de nosotros mismos. Lo que sí sé, es que la relación entre un maestro y un aprendiz puede ser muy simple y muy compleja:

Simple, porque la relación existe sólo por parte del estudiante. A nosotros nos parece que la relación también existe por parte del maestro, pero no existe, no está, nunca estuvo, es ausencia, y en la realidad, sólo pueden encontrarse dos ausencias.

Si llega a existir una relación por parte del maestro, sólo podrá conducir al mal; podrá ser hermosa la enseñanza, pero guiará hacia el mal. Aunque se trate de virtudes, del amor, de la no-violencia, etc., la personalidad es la gran corruptora y todo lo pervierte.

Si el maestro "quiere" al estudiante, su personalidad estará presente y la relación se tornará venenosa, no lo dejará acudir a otro maestro y luchará para que no se aleje, pues depende de él, y él, no puede existir sin seguidores...

Si tiene personalidad, no es maestro, está fingiendo, y será cruel, en nombre de la compasión, y muchas otras cosas, y comenzará a destruirlo, en cuotas, lenta, lentamente.

Si hay un maestro verdadero, que ama de verdad, la relación sólo existe del lado del aprendiz, quien también lo amará, lo obedecerá, pero el maestro no estará interesado en su obediencia ni en su amor. Le importará muchísimo, pero no habrá una relación especial, porque su interés es natural, como el agua que fluye, incluso si él no estuviera.

Por eso el "abandono" es la más profunda de todas las relaciones, y a la vez es el final de las "relaciones", en donde ya no hay maestro y estudiante, sino que ambos son uno.

74

—Pamela, ¿alguna vez pensaste o sentiste que querías formar una pareja nuevamente?
—¡No! Ni se te ocurra. ¡Ni Dios lo permita...! ¿Y tu, Carolina?"
—Sería hermoso mirar a la pareja a los ojos y demostrarle afecto, y no preguntar si desea hablar, y siempre escucharla..., pero existen esas charlas de "cóctel", que yo le denomino así, en donde se habla de cosas que no importan. Si alguna vez fuiste a un cóctel y te propusiste hablar de política, de amor o de religión, jamás te volvieron a invitar.

Las conversaciones, deben ser lúdicas, internándonos en el juego de la intimidad, para recibir la respuesta.

Eso de "¿Qué te pasa?" "Nada." "Pero algo te pasa..., estás pálida!" "No, no es nada." "Pero algo te ocurre"..., etcétera.

El nivel más alto de relacionarnos es la verdadera intimidad: dar y recibir, sin mala interpretación "Quiero amarte, quiero conocerte, quiero sentirte, quiero crecer, bailar y llorar contigo...". Pero claro que es un riesgo y puede ocasionar dolor...

Es el único modo de vernos a nosotras mismas y de crecer.
Si pretendo conocerme, no lo lograré viviendo sola.
Lo conseguiré a través de las reacciones de otro hacia mí.
Y si todos me esquivan, tendré que comenzar a preocuparme.
La clave está en verme a través de la reacciones que provoco.
Nadie puede llegar a ser o a hacer siempre lo que desea.
Todo llega como sorpresa y bueno es reírse ante lo fastidioso.
Si queremos ser fascinantes y no aburridos, seamos imprevisibles.
No esperemos para comunicar nuestros sentimientos.
Lo más destructivo es no traslucir lo que sentimos.
También sería bueno tratar de que las peleas no sean cortas.
Suelen terminarse antes de resolver o de saberse el motivo.
Cuanto más tiempo discutamos, más podremos llegar al asunto.
Cuando veamos que el otro se marcha, detengámoslo.
Descubriremos que la razón de la disputa era una tontería.
La pareja es nuestro desafío, y también nuestra esperanza.

75

- Negándome a perdonar a otro, me perjudico a mí mismo.
- Si no vivo para servir, no sirvo para vivir.
- Vale más sembrar para otros que cosechar para uno.
- Un sabio no desprecia a nadie, todos son importantes.
- El ser es lo que es y lo que será, y jamás lo que fue.
- Sublime es el silencio del verbo, y el verbo del silencio.
- Sólo si estoy bien conmigo, disfruto estando con otros.
- Si unimos la "f" del físico y la "e" del espíritu, tenemos fe.
- La fe es la certeza de existir y de ser parte de esta vida.
- La fe es la energía que permite ser conscientes, no creyentes.
- La fe es el estado del alma que no nace de la mente.
- La FE basa su esencia en la Fuente-Eterna.
- Sólo hay un naciente, el horizonte.
- Sólo hay un horizonte, el espiritual.
- Sólo hay un camino, el vertical.
- Sólo hay un rumbo, el norte.
- Sólo hay un norte, la verdad.
- Sólo hay una verdad, la unidad.

76

Una vez, en un jardín, apareció entre unas ramas, un capullo de los comúnmente llamados "bichitos-canasto".

El jardinero que estaba cerca se sentó a observarlo, pues una futura mariposa estaba por salir. Observó durante varias horas, mientras ella se esforzaba para hacer que su cuerpo pasase a través de aquel pequeño agujero.

Al jardinero le pareció que ella había dejado de hacer progresos, que había hecho todo lo que podía, pero que no conseguía agrandarlo; entonces, decidió ayudar a la mariposa:

Tomó una tijera y abrió el capullo.

La mariposa pudo salir fácilmente, pero su cuerpo estaba aún marchito, pequeño y tenía las alas arrugadas. El jardinero la siguió observando, porque esperaba que en cualquier momento las alas se abrieran y se estiraran para soportar el cuerpito, y así éste se hiciera firme; pero nada aconteció.

En verdad, la mariposa pasó el resto de su vida arrastrándose con un cuerpo marchito y alas encogidas. Nunca fue capaz de volar.

Lo que el hombre, en su gentileza y voluntad de ayudar, no comprendió, fue que el capullo apretado y aquel esfuerzo necesario eran la forma en que la Naturaleza hacía que el fluido del cuerpo de la mariposa pasara a sus alas de manera que estaría lista para volar una vez que se hubiese liberado sola del capullo.

Porque muchas veces es el esfuerzo lo que necesitamos en la vida y si la Naturaleza nos permitiese pasar nuestras vidas sin obstáculos, nos dejaría limitados, no lograríamos ser fuertes y nunca podríamos llegar a volar...

77

"¿Te enamoraste alguna vez?", le preguntó el joven curioso a su amigo.
"En realidad, muchas veces...", le contestó el amigo "sabelotodo":
"La gente piensa que se enamorará solamente cuando encuentre al hombre o a la mujer perfectos. Nunca los encontrará, porque no existen. Y si existen, no se molestarán por su amor, no estarán interesados.
Una vez un hombre que siguió soltero toda su vida buscaba a la mujer perfecta. Cuando llegó a los setenta, le preguntaron: Has estado viajando y viajando y no has cesado de buscar. ¿No lograste encontrar una mujer perfecta? El viejo entristecido dijo:
"Sí, una vez me crucé con una mujer perfecta... pero qué podía yo hacer: ella también estaba buscando al hombre perfecto...".
Para fluir y enamorarse, no se necesita perfección; el amor, no tiene nada que ver con el otro; un ser amoroso ama, así como un ser vivo respira, come o duerme.
Uno no dice que si no hay un aire perfecto no respirará: uno sigue respirando aun con el aire contaminado.
Si tienes hambre, comes lo que hay.
En el desierto, no pretenderás Coca-cola.
El amor es una función natural y lo destruimos con las exigencias.
La mujer exige que el hombre sea perfecto, sólo porque la quiere, como si hubiese cometido un pecado.
O bien tendría que convertirse en un super-hombre, o volverse falso, y así empieza a fingir, y en nombre del amor se convierte en tramposo o en mentiroso y comienza a interpretar roles...
Si está en tu camino, estremécete por el milagro, sintiendo gratitud, y en lugar de tratar de conseguir amor, ¡empieza por darlo!
Al principio será duro, porque tu corazón estará como congelado, pero de a poco, el amor empezará a fluir.
Una persona madura es feliz en su soledad, y su estar es una belleza.
Sólo así puede sentir gratitud, puede perdonar, puede comprender y puede sentir amor...

78

- A todo lo que se le pone un nombre, se lo enmarca, se lo encuadra, se lo encasilla, se lo estructura, se lo corrompe y se lo anula.
- ¿A dónde va la luz cuando se apaga? Al mismo lugar donde estaba cuando reinaba la oscuridad.
- Tenemos momentos buenos y momentos malos.
  Depende de nosotros aumentar los unos y espaciar los otros.
- La mujer es la expresión del espíritu del hombre,
  así como el hombre es la expresión del espíritu de la mujer.
- Una mente organizada hace lo que está por hacer;
  una desorganizada nunca hace lo que está por hacer.
- Si haces hoy lo que tienes que hacer mañana, verás
  que lo que tienes que hacer hoy, ya lo hiciste ayer...
- Nada se obtiene sin esfuerzo, sin alegría. Mientras hay esfuerzo
  hay vida, que se reproduce luego, para alcanzar los triunfos.
- Los deberes y los derechos son los carriles por donde marchan
  quienes nunca se descarrilan.
- Si nosotros mismos no podemos darle un sentido a nuestra vida,
  quizá nuestra vida deje de tener sentido...
- Cuando el camino es correcto y se tiene la certeza de no estar
  perdido es cuando ya se sabe que también se encontró el rumbo.
- Dentro de una verdadera espiritualidad no se está merced
  de ninguna persona, de ninguna cosa y de ningún evento.
- Los ignorantes nos apoyamos en lo que nos dicen los demás,
  pero el que nos da la libertad es nuestro propio conocimiento.

79

Había una vez, en épocas remotas, un aguatero que llevaba diariamente desde el río hasta el pueblo dos vasijas de agua que vendía por diez monedas cada una. Con cinco viajes le alcanzaba justo para vivir.

Un buen día, una de las vasijas se resquebrajó y comenzó a perder agua durante los viajes, así es que de ella sacaba sólo cinco monedas; pero para compensar, hacía dos viajes más.

Una noche, mientras el aguatero dormía, escuchó una voz que lo llamaba y le decía:

"Despierta aguatero, soy yo, quien te habla, la vasija quebrada... Me siento mal porque nunca me reprochaste mi quebradura... Pero yo me reprocho a mí misma, pues por mi culpa tienes que hacer más viajes".

—¿Y para eso me despiertas? Qué graciosa..., qué audaz... Mañana, ambos, tú y yo, nos levantaremos temprano. Quiero mostrarte algo, —le respondió el aguatero.

Al día siguiente, fueron juntos por el camino que recorrían siempre y mientras él le preguntó a la vasija:

—¿Qué ves en el camino?

—Nada..., sólo el camino y unas piedras... —respondió.

—Y las florcitas del lado izquierdo del camino, ¿no las ves? Antes, no habían flores en este trayecto... ¿Qué importa que yo haga dos viajes más si ahora, gracias a tus grietas, disfruto más del recorrido?

80

La moral en lata nos hace creer:
que mentir es malo;
que trabajar es bueno;
que ganar dinero es mejor;
que el sexo es malo;
que obedecer es bueno;
que comunistas, judíos y negros son malos;
que comunistas son buenos si soy comunista;
que ser idealista es lo peor;
que las serpientes son malas y venenosas;
que la agresión es mala;
que el hombre es un animal superior;
que el autocontrol es lo mejor;
que actuar por impulso es lo peor;
que programar es mejor;
que las palomas son buenas;
que los cuervos son malos;
que ser egoísta es lo peor;
que estar triste es malo;
que la muerte es lo peor;
que el camino fácil nunca es el mejor;
que la fe siempre es buena;
que la locura siempre es mala;
que los extremos son malos y;
que ser profesional es lo mejor;
para ser amados.

81

- Lo que nos mueve a usar el dinero ¿es cumplir deberes, beneficiar a los seres queridos, satisfacer nuestros deseos o algún ideal grupal?
- El progreso de una parte de la humanidad jamás puede basarse en la degradación de la otra, de una misma civilización planetaria.
- No demos excesivo recreo a los pensamientos; podemos convertir nuestra mente en un parque de diversiones.
- La valentía se manifiesta en la presencia de ánimo al afrontar el instante crítico.
- Quien quiera hablar a sus semejantes, que en su mensaje se perciba la armonía entre el pensar y el sentir.
- La clave es no desfallecer; entonces, cuando el ánimo cae, hay que levantarlo lo antes posible...
- Desear no es querer. Se desea con la mente lo que se sabe que no perdura, y se quiere con el corazón lo que se sabe que es eterno.
- Caridad también es hacer a uno mismo el bien que haría a los demás.
- El duelo es cuando duele la pérdida del ser gracias a quien uno es, y duelo es enfrentarse ambas partes, la que se va y la que se queda.
- El entendimiento que madura se abre al conocimiento trascendente, como la flor a la caricia del sol...
- La llama vital calienta cuando la anima un sentimiento del corazón, y alumbra cuando la estimula la inteligencia, no el intelecto.
- El vestido de los hechos aprieta demasiado a la verdad.

82

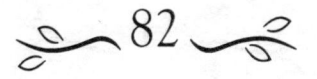

Dos viejos amigos en un bar.

—Para mí hay dos tipos de personas: los abiertos, preparados y receptivos, y los cerrados, convencidos de que no hay experiencias culminantes, como los científicos, los razonadores, los negociantes, los políticos, los mediáticos y los estructurados intelectuales, que levantan paredes a su alrededor y no pueden vivir experiencias extáticas.

Los abiertos, aventureros, bailarines, poetas, músicos y personas locas, no-pragmáticas, no discuten ni molestan con sus mentes y dejan que las cosas ocurran. Una vez, un psicoanalista se fue de vacaciones, y desde ese lugar le envió un telegrama a su propio analista diciéndole: "Me siento muy contento. ¿Por qué?». Él no podía aceptar simplemente esa felicidad, y suponía que algo extraño le estaba pasando, que algo andaba mal. Freud afirmaba que la felicidad no era accesible a los seres humanos, y dijo que la mente imposibilitaba la felicidad; pero resulta que si ésta es la actitud o el concepto, ¡estamos fritos! La dicha no nos será accesible y el concepto se fortalecerá y finalmente la infelicidad es la única posibilidad. Pero resulta que es a través de la mente que se percibe el sentimiento.

El abierto puede tener menos razón y más confianza, menos practicidad y más aventura, menos prosa y más poesía, y sobre todo, ser ilógico, porque la lógica es la enemiga, la que demostrará que la vida es miserable, que no tiene sentido, que no hay Dios, que no hay posibilidades y que el suicidio es el único paso posible.

—Yo no estoy de acuerdo con lo que dices, porque puede haber personas prácticas, que también son aventureras, y también científicos que demuestran tener mucho sentido del humor —le contestó el otro, que lo escuchaba con dudas.

—Eso sería lo mejor: ¡poder equilibrar ambas actitudes!

Cuando la actitud y la propia fe son sinceras, son ilógicas y entran en lo desconocido tratando de experimentar. Entonces, el vivir se convierte en una aventura, en un descubrimiento de lo desconocido, y hay confianza, y muchos te dirán que estás loco...

83

Una vez, sentado en un banco de la costanera, al joven investigador se le ocurrió preguntarle a su amigo "sabelotodo" cómo se lograba un matrimonio "ideal".

El amigo pensador le contestó lo siguiente:

Un hombre conocido de mi familia, dijo el año pasado:

"Con mi esposa dormimos en cuartos separados, cenamos aparte, tomamos las vacaciones cada uno por su lado, y hacemos lo imposible por mantener la unión de nuestro matrimonio..."

Pero yo te digo, que en realidad la necesidad más profunda del ser humano es dejar la prisión de las separaciones. Porque sin relacionarnos, ¡no hay vida!

En nuestra cultura, por ejemplo, tenemos el concepto del amor romántico y creemos en lo que nos dicen las comedias, la televisión y los medios, y por eso nos desilusionamos.

Pero amar es alentar a otro para que desarrolle al máximo todo su potencial, y en un matrimonio no se crece por separado, sino de la mano, ¡colaborando!

Es lógico que renunciar a algo produce dolor, pero es del dolor que se aprende. Nadie quiere sufrir, aunque es una facultad natural del hombre, y apenas sufrimos, nos atosigamos con píldoras o alcohol, sin darnos cuenta de que, justamente, es con el dolor que aprendemos y nos convertimos en nuevas y mejores personas.

La clave es ser felices juntos, y también permitir que el otro esté solo, como las cuerdas de la guitarra, porque así es como interpretan la música.

Siempre juntos, pero como los pilares de un templo, que mantienen su distancia para poder sostener el edificio...

—¡Qué lindo! Me gustó. El asunto va a ser practicarlo, ¿no?

Ahora entiendo aquella frase que dice:

"El roble y el ciprés no crecen el uno bajo la sombra del otro."

84

- Lo que sucede con la fruta sucede con los pensamientos: si maduran demasiado, se echan a perder.
- Todo lo que queda sin movimiento, inevitablemente, se estanca, se corrompe y se pudre.
- Creer a priori es de crédulos; negar a priori es de necios, e investigar a priori es de sabios.
- ¿Qué gracia mayor puede pedir el hombre, que la de ser consciente de la misión que debe cumplir y de sus posibilidades de ir en pos de ella?
- Si la duda no existiera, la verdad no surgiría; pero para que ella se manifieste es necesario disolver la duda. Para disolver una duda, duda de ella, buscando el conocimiento.
- Las sombras desaparecen cuando se manifiesta la luz.
- Avivar la llama del saber sin apartar antes los pensamientos inflamables es arriesgarse a un incendio mental.
- Quítale al fanático su ídolo y se convertirá en traidor.
- La paz reside en el trabajo, y lograr que todos trabajen es el camino más seguro para alcanzar la paz.
- Inculcar es cometer el más grave crimen moral: se invalida e inmoviliza como a la mariposa sobre un cartón.
- Varias partículas forman una parte; varias partes forman un todo.
- Varios pequeños conocimientos forman un conocimiento mayor.
- Si comenzamos con lo poco, alcanzaremos lo mucho...

85

Un día, a plena mañana, Joaquín le preguntó a Paula por qué él la veía así, como dormida...

Ella le respondió:

Ando como dormida, porque anoche no pude dormir bien, no dormí lo suficiente..., y me parece que nacemos, vivimos, nos casamos, tenemos hijos y nos morimos, sin despertar del todo...

Es como que no logramos llegar a ver que, en realidad, está todo bien en su lugar de evolución, y sucede porque estamos aún dormidos, y entonces todo parece una pesadilla...

A propósito, ¿te diste cuenta de que a nadie le gusta despertarse? Resulta desagradable e irritante, y dicen que una persona inteligente jamás intentaría despertar a una persona dormida...

—Sí, es verdad, respondió Joaquín. Recordé un chiste:

El padre de Pedro se acercó al dormitorio de su hijo:

—¡Pedro, despierta!

—No quiero levantarme papá —respondió el hijo.

—¡Levántate, pues tienes que ir a la Escuela! —le dijo el padre.

—No quiero ir a la Escuela —gritó el hijo medio dormido.

—Pero ¿por qué no, Pedro? —preguntó el padre.

—Por tres razones: primero me aburro, segundo los chicos se ríen de mi, y tercero porque odio la Escuela.

Entonces el padre entro decididamente en el dormitorio y le explicó:

—Escúchame bien: tienes que ir a la Escuela, por tres razones:

primero, porque es tu deber,

segundo, porque ya tienes cuarenta y cinco años,

y tercero, porque eres el Director!

86

Había una vez, en una granja, una muchacha llamada Ernestina. Un día, el padre de ella le pidió que llevara un barril lleno de granos de maíz hasta el granero de la vecina.

Ernestina tomó el barril de madera, lo llenó de granos hasta el mismo borde, le clavó la tapa y se lo ató en los hombros como si fuese una mochila. Caminó entonces hacia la granja de la vecina, que no estaba muy cerca.

Durante el trayecto, se cruzó con varios granjeros y algunos notaron que por un agujero del barril caía una hilera de granos y que Ernestina no se daba cuenta. Un amigo del padre le hizo señas, pero ella pensó que era un saludo, así es que, sonriendo, agitó su mano en señal de amistad.

Otros dos granjeros le gritaron a coro: "Estás perdiendo el maíz!", pero cuando Ernestina se daba vuelta para ver el camino, los pájaros, felices, habían levantado el grano casi antes de que tocara el suelo. Al no ver nada raro, la muchacha siguió su camino.

Más adelante, otro granjero le dijo:

"Ernestina! Estás perdiendo el maíz por el barril, y los pájaros, se lo están comiendo!".

Ernestina se volvió y miró cómo los pájaros revoloteaban alegres sobre el camino, pero no vio ningún grano de maíz.

Entonces continuó su trayecto, perdiendo los granos por el agujero del barril.

Cuando llegó a su destino y abrió el barril se encontró con que dentro del mismo aún estaba lleno de granos de maíz, hasta el mismo borde..., como si el amor, nunca se vaciara, cuando ama...

87

- Capacidad pequeña, problemas grandes;
  capacidad grande, problemas pequeños.

- Para que haya justicia no basta con sancionar códigos,
  promulgar leyes y nombrar jueces.

- La imaginación suele ser mala consejera:
  se atiene a los "pro" y rechaza a los "contra".

- Los pensamientos-conocimientos que impulsan hacia
  una evolución espiritual son todos hijos de un mismo padre,
  y al darles realización, se experimenta la hermandad.

- Hay dos maneras de vivir: orientados hacia el miedo,
  u orientados hacia el amor.

- En el mundo de las relaciones y del amor,
  uno siempre está equivocado y el otro siempre tiene razón.

- Estar orientados hacia el amor
  es no tener miedo al resultado y a la consecuencia.

- En momentos de pesadumbre se desea ser mejor,
  pero ignorando cómo cambiar, se peligra en ser peor.

- Aprendiendo a cambiar pensamientos veremos que los hay
  buenos, y también los hay malos..., igual que los amigos...

- Todos los esfuerzos de la mente humana no podrán agotar
  el conocimiento de la esencia de una mosca.

- La tela de araña atrapa a las moscas
  como también atrapa a las gotas de rocío...

88

Había una vez un gran erudito que tenía cerca de diez mil discípulos. Un día, sentado, rodeado de libros y escrituras de todo tipo, antiguas y raras, quedó dormido por el cansancio. Entonces tuvo una extraña visión: vio a una mujer muy fea, tan horrible que empezó a temblar en el sueño, y quería escapar, pero no podía. Se sentía como hipnotizado por aquella imagen, cuando de pronto escuchó que ella le decía:

—¿Qué estás estudiando?

—Filosofía, epistemología, religiones, lengua, estructuras, lógica...

—¿Las entiendes? ¿Entiendes las palabras y el sentido?

Al erudito le habían planteado miles de preguntas en su vida, los miles de estudiantes, pero nadie jamás le había preguntado si entendía las palabras y el sentido. Los ojos de esa mujer eran penetrantes y resultaba imposible mentirle: "Comprendo las palabras...".

La mujer se sintió feliz y empezó a bailar con alegría y a reírse, y su fealdad fue transformándose. Él pensó que la había hecho feliz, y entonces, por qué no hacerla más feliz: "Y también entiendo el sentido..." agregó.

La mujer dejó de reír y de bailar y recuperó su fealdad.

—Pero ¿por qué lloras ahora? —preguntó el erudito.

—Me sentía feliz porque no mentiste, ahora lloro porque has mentido.

—Tú y yo sabemos que no comprendes el sentido... —La visión desapareció. Pasó un tiempo y el erudito abandonó la universidad, no volvió a leer, se hizo ignorante y logró entender que la mujer no era un personaje externo sino él mismo que a través del conocimiento se había hecho feo... Esta comprensión fue transformando su fealdad en belleza, y expresó:

"Cuando sientas que el conocimiento no te es útil, busca sabiduría. Si no, llevas una moneda falsa pensando que es un tesoro. Cuando acumulas suficiente conocimiento y lo desechas, obtienes la verdadera ignorancia, como la describía Sócrates: "Sólo sé que nada sé...".

"Este "conocimiento" o "ignorancia", llámalo como quieras, te permite ver que no es un real conocimiento, sino algo prestado; que estás cargando con el peso de otros y que puedes deshacerte de todo y con ese desprendimiento puede surgir la verdadera ignorancia, que no es la del ignorante, sino la del sabio. Ésa es la sabiduría, la hermosa sabiduría, pero sólo se accede a ella, a través del conocimiento..."

89

Dos hombres en un bar.

—Hablando de saber vivir la vida, ¿conoces el cuento del famoso pueblo de Kammir?

Había una vez un joven, que escuchó una sensación interna que le indicaba que debía caminar hasta la ciudad de Kammir.

Dejó todo, y después de dos días de recorrer caminos de polvareda avistó la ciudad a lo lejos.

En la entrada se veía una colina verde con muchos árboles, flores y pájaros, por lo que decidió descansar en ese lugar. Sus ojos se posaron sobre cada detalle, y vio piedras grandes esparcidas, con inscripciones:

"Abdul Tareg vivió ocho años, seis meses, dos semanas".

Otra piedra decía:

"Yamir Kalib vivió cinco años, nueve meses y una semana".

Y las otras eran semejantes. El joven sintió conmoción pensando en un cementerio de niños y con dolor e incomprensión, lloró.

Un anciano cuidador se aproximó:

—¿Lloras por algún familiar?

—No, pero dime por favor, ¿por qué tantos niños muertos? —le preguntó el joven...

El anciano le respondió sonriendo:

—En nuestra ciudad tenemos una costumbre: a los quince años nuestros padres nos cuelgan del cuello esta libretita como la que tengo yo aquí, pues es tradición anotar en ella, al lado izquierdo, los acontecimientos disfrutados, y a la derecha, el tiempo que duró esa alegría, y cuando morimos, alguien suma ese tiempo, que es el único verdaderamente vivido.

90

- Un enemigo de la buenas ideas suele ocultarse tras un intermediario.
- La libertad es nuestro derecho, mientras la ejerzamos con honradez y con justicia.
- El pudor es una excelencia del espíritu; y si interviene, la intimidad no se expone a la malicia ajena.
- Tanto en los hombres como en los pueblos, el signo de debilitamiento es la merma de la capacidad creadora.
- La civilización nace en las mentes de los hombres, y también es ahí donde están las causas de su muerte.
- La discreción se advierte en gestos, palabras y pensamientos, pero alguien puede estar callado y no obstante ser indiscreto...
- Calumnia e injuria son armas que suele usar el insensato, pero jamás hieren y afectan a quien goza de solvencia moral.
- Si queremos vencer, luchemos unidos; si queremos vivir felices repartamos nuestra ventura.
- Juzgamos las ideas de los demás como equivocadas, porque contrarían nuestros intereses?
- Cada niño tiene un Dios dentro de él, y nuestro intento por moldearlo lo convierte en demonio.
- Siempre es más fácil comunicarse con otro ser cuando se lo considera un semejante.
- Como pestañas sobre un ojo cansado, el pensamiento se hunde en el eterno secreto del silencio...

91

Un gran sacerdote fue invitado a cenar con personas importantes y ricas. Antes de llegar al festín en su lindo carruaje, se desató una tormenta, su caballo corcoveó y lo arrojó en una zanja embarrándolo de pies a cabeza. Como estaba cerca del lugar, acomodó el carruaje y decidió ir como estaba. Cuando llegó, el mayordomo no lo reconoció y le dijo: "¿Qué haces aquí pordiosero asqueroso?.
¿No ves que ésta es una reunión de gente muy importante?".
El sacerdote quiso explicar: "Lo que pasa es que yo...".
"Tú nada; ¡tú te vas ahora, porque esta cena es para personas finas!"
"Es que a ésta comida...", insistió el sacerdote.
"Mira, si quieres las sobras de comida debe venir mañana; ahora ¡te vas inmediatamente!", enfatizó el mayordomo.
"Lo que ocurre es que a la cena de hoy...", dijo el sacerdote.
"¡Miserable inmundo! ¡El dueño de casa te echará y soltará los perros!"
"Pero es que el dueño de casa es..." El mayordomo llamó al dueño de casa quien lo vio, no lo reconoció así embarrado, y preguntó qué sucedía.
"Este pordiosero no quiere irse, aunque le dije que viniera mañana por las sobras." El dueño de casa dio unas palmadas, vinieron los guardias y soltaron los perros. El sacerdote salió corriendo hacia su carruaje. En su casa, se lavó un poco, y sobre la ropa embarrada se puso una capa bordada en oro. Subió al carruaje y llegó hasta la famosa cena.

El mucamo abrió la puerta y viendo la elegante capa lo reconoció de inmediato: "Excelencia, lo estábamos esperando; por favor, tenga la bondad de pasar al comedor". El dueño de casa se acercó y con respeto le dijo: "¿Tuvo usted algún problema? Estamos todos esperándolo", y lo llevó a sentarse a la cabecera, al lado de él.

Nadie empezaba antes que el sacerdote, así que los comensales esperaron a que tomara su cuchara; pero en cambio, tomó la punta de su valiosa capa, la introdujo en la copa de sopa, y, mojándola y mirándola, en medio de un increíble silencio le dijo: "Tome el caldito, mi amor, tome la sopita...".

El dueño de casa pensó que el sacerdote había enloquecido y le preguntó: "Excelencia, ¿pasa algo?".

"No, no, es que esta cena es para mi capa...; yo vine sin ella hace veinte minutos, y me echaron a patadas...."

92

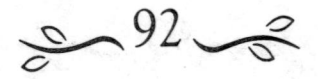

Una joven adolescente sentada en un banco durante el recreo de las clases, en el patio de la escuela, observaba a una de sus compañeras, y le comentó a la amiga que estaba a su lado:

—Esa muchacha es muy inteligente, muy capaz y muy sensible, pero me parece que escucha demasiado lo que le dicen en su casa, y lo cree todo: cree que ella misma no es inteligente, que no es capaz, etc., y está como frenada en su evolución, por causa de los demás.

La amiga, asintiendo, pues la conocía bien, agregó:

—Podría sucederle lo que le ocurrió al águila del cuento que leí la semana pasada. ¿Quieres que te lo cuente?

—Sí, quiero —contestó la amiga.

"Una vez, un hombre encontró un huevo de águila y lo colocó en el nido de una gallina que estaba clueca. La pequeña aguilita fue incubada y criada junto con la nidada de pollitos, naturalmente.

Transcurrió el tiempo y toda su vida fue haciendo lo que los otros pollos hacían, creyendo que era uno de ellos y que debía hacer como hacían los demás: escarbaba la tierra, buscaba gusanitos, lombrices e insectos, piaba y cacareaba. Movía las alas y volaba solamente unos pocos metros...

Pasaron los años y el águila envejeció.

Un día, ya viejita, vio una magnífica ave que volaba por el cielo sin nubes. Se deslizaba con gracia majestuosa entre poderosas corrientes de aire, moviendo apenas sus hermosas y fuertes alas.

La vieja águila miraba con asombro, hasta que luego preguntó a los demás:

—¿Quién es aquella ave que vuela en el cielo?

La gallina que estaba a su lado le respondió:

—Es una águila, la reina de las aves, ella pertenece al cielo, pero nosotras pertenecemos a la tierra, nosotras somos gallinas.

Y la vieja águila murió pensando que era gallina...

93

- Si la mentira puede hacer encumbrar al hombre,
  la verdad se encarga de hacerlo descender;
  pero si es la verdad la que lo encumbra,
  la mentira nunca podrá hacerlo descender.
- Cada nuevo paso en la evolución del alma encuentra al hombre
  con más sensibilidad en el corazón y más claridad en la mente.
  La evolución del espíritu se realiza en la conciencia
  y se inicia arraigando en el corazón la idea de ser mejor.
- El pasado no puede ser deshecho ni cambiado;
  por eso la sabia naturaleza no permite que recordemos vidas pasadas.
- El amor es doloroso porque transforma,
  y toda transformación duele al dejar lo viejo por lo nuevo.
- Un espíritu elevado pasa por ambientes dudosos sin contaminarse,
  y, vaya donde vaya, oficia de conciliador y de neutralizador.
- "El trabajo es vida", dice la naturaleza.
  No adelantemos la muerte permaneciendo en la inercia.
  La actividad es salud y aumenta el desarrollo del entendimiento.
- Dos cosas opuestas no pueden permanecer unidas:
  la presencia de una significa la ausencia de la otra.
- Vigila a los que actúan en la sombra hipócritamente;
  conocerás sus intenciones cuando hablen de virtudes.
- Aprendemos a renunciar a ciertos alimentos que nos dañan
  como a renunciar a ciertas emociones que nos perjudican.
- Ignoramos lo bello y lo sublime que hay tras los pliegues de cada ser.

94

Había una vez, en un pueblo no muy grande, un prostíbulo de esos que funcionaron desde generaciones, organizado primero por el abuelo, luego por el hijo y después por el nieto. Trabajaba en él un portero que también era hijo del portero anterior y nieto del primer portero.

Un día, el dueño del prostíbulo le pidió al portero que le ayudara a completar una planilla de registro pues debía viajar y necesitaba esos datos del negocio. El joven portero le dijo que lamentablemente él no sabía leer ni escribir, por lo que el dueño le respondió:

—No puede ser, necesito a alguien que sepa; tendré que buscar a alguien que te reemplace...

El portero sorprendido le explicó:

—Pero aquí trabajaron mi abuelo y mi padre; no es justo...

—No te preocupes, te pagaré una indemnización y podrás conseguir otro trabajo, lo lamento.

El portero se quedó sin trabajo. Se puso a pensar en que había reparado camas y mesas y que si compraba unas herramientas, conseguiría quizá trabajos de reparaciones. Tomó su bicicleta, fue a la ciudad y compró herramientas. Al regresar de la ciudad, el vecino lo vio y le pidió que le prestara el martillo. El joven se negó diciendo que las necesitaría para sus trabajos. El vecino no podía ir a la ciudad y le pidió que por favor se lo vendiera y que él le pagaría el viaje a la ciudad para que se comprara otro. Así lo hicieron. A la semana apareció otro hombre mayor que necesitaba una pinza. El portero se la vendió y luego la repuso. Con el tiempo, instaló una ferretería y, como le fue bien, se transformó en un buen negociante y luego en un empresario que resultó ser el más rico del pueblo. Colaboró asimismo donando para la construcción de una escuela. El día de la inauguración de ésta, el Intendente lo llamó al frente, para que firmara con su nombre por la donación, pero el ferretero-empresario le respondió al Intendente:

—Señor Intendente, no me pida que firme con mi nombre porque no sé leer ni escribir... Asombrado, el Intendente le contestó:

—¡Pero mi amigo! Usted es famoso en el pueblo; cómo hubiese sido su supiera leer y escribir!

A lo que el ferretero le contestó: "¡Hubiese sido portero de prostíbulo!".

95

Felizmente se encontraron de nuevo, Carolina y Pamela, para conversar, de todo un poco...

—Tu que trabajaste tantos años como "educadora", ¿que piensas o qué opinas, respecto del castigo?

—El castigo no es más que venganza. El acto de llamar a la reflexión, que hasta puede ser violento, no es castigo, sino que es un acto de amor, porque lleva como fin la curación, pero el castigo como venganza es un acto de odio que engendra más odio.

Si a un niño le damos un sermón que no entiende, y percibe nuestro disgusto o nuestro rechazo que sí entiende, comienza a sentirse culpable de algo moral, de deber, de normas, que él no llega a entender, pero que necesita cumplir para tenernos contentos; entonces sí le estamos haciendo mucho daño. Si llega a percibir en nosotros resentimiento de venganza, estaremos fomentando en él un violento, un vengador, un resentido. Si se sube a un árbol y se cae, la zurra o la paliza que le damos la asociará a lo que acabó de hacer y ahí no entran la moral y la culpabilidad, sino la realidad.

La hipocresía de padres y maestros haciendo de modelos que no somos capaces de cumplir aumenta la desconfianza de los niños cuando el ídolo se viene abajo, y luego surge el odio.

La aprobación, la alabanza, el éxito y las valoraciones son "drogas" que nos dio la "sociedad", y al no tenerlas siempre, el sufrimiento es terrible.

Tenemos que desengancharnos, despertando a que todo fue una ilusión. La única solución es dejar la droga, pero tendremos los síntomas de la abstinencia.

Es un desprendernos de mentiras, arrancarnos de las garras de la sociedad, donde hemos llegado a un grave estado de incapacidad de amar. Si vemos todo como es, nos alimentamos de compañías alegres, de buena música, buena lectura, naturaleza, ejercitando el oído, la vista, el tacto, el gusto y el olfato, hay todo un mundo por descubrir, desde nuestros atrofiados sentidos, y cuando estemos en la realidad, no sentiremos la falta de nada ni de nadie y nos veremos libres y felices como aves por el cielo. El castigo, es venganza...

96

- Privar a los hombres de expresar sus pensamientos con libertad es sumergirlos a despiadado destierro de sentimientos y aspiraciones.
- Para que la alegría escape a la persecución del sufrimiento, evitemos que el sufrimiento ocupe el lugar de la alegría.
- No podremos amar a Dios sólo porque lo presentimos; es necesario conocerlo a través de sus leyes, de sus principios, sintiendo su amor en la actividad...
- El juicio final lo pronunciará la misma humanidad, cuando logre emanciparse del error en que vive, y conozca la verdad en toda su fuerza...
- Si el conocimiento de las leyes humanas permite al hombre conducir su vida sin infringirlas, con mayor razón debería conocer las leyes universales que rigen a esa misma vida.
- El derecho de pensar con libertad es tan necesario como el derecho de vivir, porque lo último es consecuencia de lo primero.
- Los árboles con raíces fuertes resisten violentas tormentas, pero ninguno puede desarrollar sus raíces recién al venir la tormenta...
- Los valores espirituales, que no son sino conocimientos morales, elevan al hombre a un mayor nivel de cultura y perfección, y ahí las actuaciones del alma coinciden con la voluntad del espíritu.
- ¿Es mi alma la que quiere salir al infinito o es el alma del mundo que quiere entrar en mi corazón?
- "No puedo guardar tus olas" le dijo la playa al mar, y el mar le contestó: "Yo puedo guardar tus pisadas..."

97

"Ahora que te veo fumando, Paula, pienso en una antigua parábola que leí hace poco y que en este momento me vino a la memoria. A mí me ha servido para entender mejor algunas actuaciones propias mías", le dijo aquel día Joaquín...

"Cuenta la parábola que dos discípulos de un gran Maestro caminaban un día por el jardín de la casa de aquél. Se les permitía este paseo como una especie de meditación, caminando, ya que las piernas necesitaban movimiento, mientras la meditación continuaba internamente.

Ambos eran fumadores y querían pedirle permiso al Maestro para fumar ya que estaban en el jardín y no dentro de la casa; así es que decidieron ir a hablarle con ese propósito.

Al día siguiente, los discípulos se encontraron nuevamente en el jardín. Uno de ellos se puso muy irritado porque vio que el otro estaba fumando, y bastante enojado le dijo: "¿Qué pasó? Yo también le pedí permiso para fumar, y me dijo que no. ¡No estás respetando sus órdenes!".

El otro discípulo, sorprendido, le contestó que a él le había dicho que sí, que podía fumar...

Como lo observado le parecía muy injusto, el primero decidió ir inmediatamente a averiguar por qué el Maestro le había dicho a él que no, y en cambio a su compañero que sí.

"Espera, cuéntame primero, cómo se lo pediste", le dijo el amigo.

"Simplemente así: Maestro, ¿puedo fumar mientras medito? Y el Maestro me contestó con un NO muy rotundo."

El amigo empezó a reír: "Ahora sé lo que pasó. Yo le pregunté: Maestro, ¿puedo meditar mientras fumo?".

98

Los dos jóvenes amigos de siempre bajaron de sus bicicletas para descansar antes de proseguir:

—¿Te diste cuenta de que los amigos no son amigos? ¿Tendremos que aceptar esta cruda realidad? —preguntó curioso el más chico...

—Sí, porque todo depende de cómo uno pretende... Existen personas en nuestras vidas, que nos hacen felices por el simple hecho de haberse cruzado en nuestro camino. A todas las llamamos amigos y hay muchas clases de ellos. Tal vez cada hoja de un árbol caracteriza a uno de nuestros amigos: las primeras hojas que nacen del brote, son amigo papá y amiga mamá, quienes nos muestran qué es la vida. Después vienen los amigos hermanos, con quienes dividimos nuestro espacio para que puedan florecer como nosotros.

Conocemos a toda la familia de hojas a quienes respetamos y deseamos el bien. El destino nos presenta a otros amigos, los cuales no sabíamos que iban a cruzarse en nuestro camino. A muchos los denominamos amigos del alma, de corazón. Son sinceros, verdaderos. Saben cuándo no estamos bien, y saben qué nos hace sentir felices.

A veces uno de esos amigos del alma estalla en nuestro corazón y es llamado un amigo enamorado. Da brillo a nuestros ojos, música a nuestros labios, saltos a nuestros pies. Pero también están aquellos que son amigos sólo por un tiempo, tal vez durante unas vacaciones, o unos días, o unas horas. No podemos olvidar tampoco a los amigos distantes, a aquellos que están en las puntas de las ramas y que cuando el viento sopla, siempre aparecen entre una hoja y otra.... El tiempo pasa, el verano se va, el otoño se aproxima, perdemos algunas de nuestras hojas; algunas nacen en otro verano y otras permanecen por muchas estaciones; pero lo que nos deja siempre felices es que las que cayeron continúan cerca, alimentando nuestras raíces...

99

- Si los testimonios dejados por los muertos no fuesen alterados por los vivos, la historia dejaría de ser una leyenda...
- El humanismo es de constante renovación.
- Los hombres establecemos contacto con las leyes de la naturaleza por medio de nuestra conciencia, que es el factor de enlace.
- De los males de la humanidad, los mayores son la ignorancia y la inconsciencia, y de ellos se originan todos los demás.
- Los ojos no se enorgullecen de su vista, sino de sus lentes.
- Por el hecho de no ser genio no dejes de intentar crearte a ti mismo, porque creándote a ti mismo lograrás ser genio.
- El rico que aprendió mantendrá su condición aun cuando sus bienes se reduzcan, pero el pobre que no aprendió, continuará siéndolo aun cuando sus caudales revienten sus arcas.
- La diferencia entre el hombre más rico y el más pobre es sólo un día de hambre y una hora de sed.
- No nos situemos nunca donde la mirada pueda herir a los sentimientos del prójimo.
- Cuando se emplean ideas para liberar de la opresión mental, moral y espiritual la lucha es grande y valiente.
- Cuando logremos dominar una parte de nuestro tiempo estaremos ejerciendo el poder que nos libera del reloj y que limita nuestras vidas...
- La tribuna de la humanidad está en su corazón callado y no en su mente bulliciosa.

100

Había una vez un joven que decidió abandonar su país, su familia y todo lo que tenía, para conseguir lo que creía que otro lugar le daría. Llegó al país de destino, elegido por él mismo, y a la entrada, como tuvo que esperar hasta cumplir algunos requisitos y retirar sus maletas, le preguntó a un hombre viejo que estaba sentado cerca de él:

—¿Cómo son las personas en este país?

Y el viejito le dijo:

—¿Y cómo son en tu país de origen?

El joven le contó:

—Son terribles, perezosas, no muy limpias, siempre con envidias… Por eso me vine aquí. Y el viejito luego le dijo:

—Lamentablemente aquí las personas son iguales, no son diferentes; en todas las ciudades es así…

El joven escuchó y luego se tuvo que retirar del lugar. No pasó mucho tiempo y llegó otro joven que casualmente se sentó junto al mismo hombre viejo y le preguntó:

—Dígame buen hombre, ¿cómo se vive aquí? ¿Cómo es la gente?

Y el viejito respondió:

— En su país, ¿cómo se vive, cómo es la gente?

—Ah, en el país de donde vengo la gente es muy buena, me ayudaron a que venga aquí, pero yo quiero mucho el lugar donde vivía…

El viejito le explicó:

—Aquí, las personas son iguales…

Cerca de ahí había un hombre escuchando todo, y cuando el segundo joven se retiró, el hombre curioso le dijo al viejo:

—¿Por qué mientes así a los jóvenes?

—¿Yo? Yo no les mentí, les dije lo que ellos iban a ver, a encontrar, si no cambian lo que tienen en su cabeza, pues encontrarán lo mismo que dejaron atrás…; cada cual produce lo que va a encontrar.

101

Un buen día, cuando Joaquín conversaba con Paula, pasada la primera semana del fallecimiento de la abuela de ella, al respecto de su muerte, ella le preguntó: "Por qué todos piensan que morir es algo feo, si yo vi que mi abuela se fue aparentemente tranquila y contenta?".

Joaquín le contestó: "Porque en general no vivimos contentos, y entonces tampoco morimos contentos...".

Cuentan que cuando San Francisco se estaba muriendo, rodeado por todos los discípulos que querían escuchar sus últimas palabras que dicen son las más significativas de la vida por contener la totalidad de la experiencia vivida, San Francisco no se dirigió a ninguno de los discípulos, sino a su asno, que lo acompañó en muchas experiencias de su vivir. Dijo, ante el asombro de quienes lo escuchaban: "Hermano, me siento en deuda contigo; me has llevado de un lugar a otro sin quejas, y antes de dejar este mundo quiero tu perdón, ya que no he sido humano contigo." Demostró con ello, que su vida era amplia, no limitada, sensible y conectada con todo.

También cuentan que cuando murió un famoso maestro zen, llamado Lin Chin, cientos de discípulos se reunieron para escuchar su última charla. Estaba acostado, alegre, sonriente y callado. Un discípulo, viendo que iba a morirse y que parecía no querer decir ninguna palabra, le recordó: "Te has olvidado que tienes que decir tus últimas palabras?". Y Lin Chin dijo: "Escuchen...". Todos pensaron que diría algo grandioso... En el tejado, dos ardillas estaban corriendo y chillando...

"Simplemente escuchen... ¡qué hermoso!", y así, sonriendo, murió.

Había dado su mensaje: todo es importante, la vida de él como la de las ardillas. Depende de uno y de lo que uno haga con ello, dejando de lado todo el resto de la basura que acarreamos, porque nos han enseñado a seguir "grandes principios", y la vida es mucho más simple.

Muchos no podemos disfrutarla y sonreír, y hasta llegamos a pensar que es un castigo.

¡Pero es una recompensa! Recompensa dada a aquellos que se la han ganado, que la merecen.

102

- Ser impaciente es ser esclavo de un tiempo ilusorio
  que nada tiene que ver con el verdadero.
- En nuestras conciencias se calcan los movimientos
  de nuestras vidas, hasta los más imperceptibles.
- Quien difama al semejante por envidia
  nunca puede ocultar su intención.
- Si una acción encuentra una oposición y la vence
  aumenta su vigor, ya sea en el bien como en el mal.
- Alternar oportunamente lo serio con lo risueño
  contribuye a mantener el equilibrio interno.
- ¿Hermanar los corazones? En ellos la hermandad ya existe.
  Son las mentes las egoístas, las separatistas, las vanidosas,
  las que se oponen a la nobleza de los sentimientos...
- Los pensamientos del mal son audaces aunque cobardes.
  Saben de la pasividad con que la mente mantiene a los buenos,
  pero estando nosotros alertas, evitamos que los buenos dormiten...
- Cuando lleguemos al término de lo que deseamos saber
  estaremos en el comienzo de lo que deseamos sentir.
- Dar una ayuda real y durable a un semejante
  es prestarle atención enfocada en un nivel superior.
- La ignorancia nos oprime y nos angustia
  sin dejarnos saber para qué vivimos.
- Existen dos tendencias: a hacer algo o a no hacer nada.
- Subir una cuesta con peso liviano cuesta menos.

103

"Me pareció muy lindo e interesante lo que me contaste acerca de San Francisco y de Lin Chin, respecto del morir," le dijo Paula a Joaquín. "Pero ¿podemos todos morir así?"

"La verdad es que si estamos vivos verdaderamente, todos podemos morir con alegría; pero siempre hemos estado esperando el vivir..., sin que nunca nos llegara la vida. Es por eso que nos asusta la muerte. Quienes han vivido, están dispuestos a morir, pero no se trata sólo de aceptar la muerte, sino de darle la bienvenida, de recibirla con alegría, plácidamente; entonces, es una aventura.

»La muerte no es enemiga sino amiga. Por ejemplo, si conocemos lo que es la amistad, no tendremos miedo a los enemigos. La enemistad tiene su belleza propia: es una amistad ubicada en el polo opuesto, es todo un compromiso. Si conocemos la amistad, amamos a los enemigos. Son simples opuestos, pues guardan una armonía siendo partes de un todo, y la vida y la muerte son aliadas y cada una existe a través de la otra. Cada una contribuye con la otra y sin la otra no estarían. ¿Podría acaso la vida existir sin la muerte? La mente lineal y lógica supone que si no hubiera muerte, habría más vida, habría vida en abundancia, pero la lógica es falaz...

»Nuestra casa o nuestro cascarón, está por morir, pero no nosotros. Si no estamos dispuestos para morir, no podemos estar preparados para vivir, y si no estamos dispuestos a vivir, no estamos preparados para morir.

»Dondequiera que exista la posibilidad de que seamos destruidos, la llama de nuestras vidas se encenderá y los opuestos estarán en profunda armonía. El problema es que nosotros no estamos en armonía...

»Aun gravemente enfermos podemos conservar nuestro bienestar interior, y todavía perfectamente saludables podemos conservar nuestro malestar... Acomodémonos nosotros, y entonces, nuestro mundo alrededor se acomodará.»

104

Había una vez, en un pueblo de la antigüedad, un joven que visitó a un sabio para preguntarle por qué él se sentía tan poca cosa, por qué él sentía que no servía, que no tenía valor.

El sabio le respondió: "Siento mucho no poder ayudarte. Debo resolver un problema, pero talvez tú podrías ayudarme a mí y luego yo podría ayudarte a ti...".

"Claro, por supuesto", dijo el joven. El sabio sacó el anillo que tenía en su mano y le pidió que fuese al mercado y que tratara de venderlo, pero por no menos de una moneda de oro y que regresara lo antes posible.

El joven fue al mercado, ofreció el anillo a mucha gente pero se rieron de él diciendo que era mucho una moneda de oro por ese anillo.

Regresó cansado por el fracaso y le dijo al sabio: "No me fue posible conseguir lo que usted me pidió Maestro... Tal vez sabiendo el verdadero valor del anillo podríamos pedir algunas monedas de plata."

"Es muy importante lo que dices. Deberíamos saber el valor del anillo. Anda donde el joyero, pregúntale cuánto vale, pero no lo vendas y regresa enseguida."

El joven fue, el joyero lo examinó, y le dijo: "Dile a tu Maestro que por este anillo no puedo pagarle más de 58 monedas de oro, pero con más tiempo, podríamos obtener hasta 70 monedas de oro, si él no tiene urgencia".

Muy emocionado, el joven corrió hasta la casa del Maestro y le contó lo sucedido. El sabio lo escuchó y le dijo: "Siéntate amigo, tú eres como el anillo, una valiosa y única joya y sólo puedes ser valorado por un experto. ¿Qué haces en tu vida pretendiendo que quienes no saben descubran tu verdadero valor?".

105

- Enamorarse es amar las coincidencias; amar es enamorarse de las diferencias.
- La deformación que substituye la conquista espiritual por la material desvirtúa los orígenes altruistas.
- La mente descarriada aparece siempre como víctima, vomita infamias contra quienes no comparten su criterio y busca viciosamente a quien le dé la razón.
- Cuando se obra impersonalmente, el esfuerzo del semejante, se celebra como propio, y el propio se considera de todos.
- La paciencia debe ser siempre activa, acompañando y sosteniendo al esfuerzo.
- El descanso es bueno si le precede una actividad intensa.
- La conciencia no debe limitarse a un solo instante, sino extenderse como una función continua, pues su ausencia momentánea puede hacer perder oportunidades.
- La mente es tanto más fecunda y creadora cuantos más conocimientos superiores la iluminen.
- Admira las maravillas de la Creación tratando de sentir el palpitar constante de las fuerzas que las animan...
- Cuando sabemos lo que representa para la vida cada ser, cada cosa y cada hecho a los que estamos vinculados, liberamos nuestro camino hacia adelante.
- ¿Hay dos grupos de personas: Las de optimismo alegre y las de pesimismo quejoso. ¿Por qué siempre se casan con alguien del otro grupo?

106

El investigador aprovechó aquel día la compañía grata de su viejo amigo, a quien le preguntó, como jugando: "La energía eléctrica funciona con dos polos, negativo y positivo, en nosotros también?".

"¡Claro! La ley de la energía dice que toda energía circula en polaridad dual. Es necesario un antipolo, como en la eléctrica, que circula con polaridades positiva y negativa sino ¡no se produce chispa! La vida es así... entre el hombre y la mujer. Son eléctricos, por eso la atracción. entre estos dos polos, entre estas dos orillas, circula el río de la vida. La polaridad es muy importante porque consideremos que la mente es lineal, es lógica y es directa, y la vida es dialéctica, se mueve por pares antitéticos.

»Por ejemplo, si la mente se hartó del mundo, del ruido de la vida, se va hacia el Himalaya, y hasta llega a molestarle el canto de los pájaros y la brisa entre los árboles. Ha optado por lo lineal y niega al opuesto. Pero la vida necesita el desafío de la oposición. Entre dos opuestos hay un tipo de silencio diferente, y se produce cuando estás absolutamente vivo, burbujeante de energía, y entonces, el silencio adquiere importancia. Será un silencio vivo, no muerto, y el hombre que busca el equilibrio vivo puede ir al ruido del mercado y también al silencio del Himalaya. Disfruta ambos.

»El polo opuesto no ha de ser negado, sino absorbido, utilizado, y estaremos más vivos, con más vitalidad. Tratemos de que no quede energía estática en nuestro interior; de que todas las partes congeladas de energía se derritan y circulen, y cuando te transformes en un ciclón, permanece alerta..., en ese ciclón descubrirás un centro silencioso: Ése eres Tú, y a tu alrededor, todo es actividad, y la actividad, produce el contraste. Eres ambas cosas, o no eres ninguna.»

107

Había una vez un viejo hombre de campo que poseía un hermoso caballo. Un día, luego de encerrar a su caballo en el corral, como de costumbre, al buen hombre se le quedó mal cerrada la tranquera del mismo, por el fuerte viento y la tormenta que se aproximaba. Al poco tiempo el viento la abrió y el caballo se escapó hacia el monte.

Cuando el vecino supo lo acontecido fue a visitarlo y le dijo: "Lamento muchísimo lo sucedido con su lindo caballo...".

El estanciero le respondió:

"Bueno, qué se le va a hacer..., uno nunca sabe, si lo que ocurre, es para mal o es para bien..., no se sabe..."

Después de tres días, el hijo del estanciero vio aproximarse hacia la estancia, desde el monte, el lindo caballo, acompañado de otros dos caballos salvajes.

Contento, el hijo tuvo entonces la oportunidad de amaestrarlos.

El vecino se acercó nuevamente y dijo: "Pero qué suerte la de ustedes, ahora en lugar de uno tienen tres!".

Y el estanciero le respondió: "Mire, yo no sé, uno nunca sabe, si lo que sucede es para bien o es para mal..., no sé...".

Un buen día, cuando el hijo estaba domando a uno de los chúcaros, que era una yegua, cayó del caballo y se fracturó una pierna y tuvieron que enyesársela.

El vecino visitó nuevamente al estanciero manifestándole su pesar por lo sucedido, pero nuevamente obtuvo la misma respuesta: "¿Vio, que nunca se sabe cuando los acontecimientos son para bien o para mal...? No lo sé...

Al mes siguiente cuando aun el hijo tenía la pierna enyesada, vinieron a citarlo para el servicio militar, para lo cual naturalmente fue eximido de presentarse. Desde ese día, el vecino dejó de compadecer y de felicitar al estanciero.

108

- La meditación es la digestión tranquila del entendimiento, después de haber ingerido un alimento espiritual.
- Muchos conocimientos superiores abren puertas que la ley de evolución mantiene herméticas...
- Acércate a los que dicen que buscan la verdad y aléjate de quienes dicen haberla encontrado.
- Si los pájaros no viviesen para glorificar la Creación ¿podrían tener los cielos como morada?
- La palabra debería ser para el hombre lo que el canto es para los pájaros.
- Si los lirios no conociesen la entrega, no podrían vestirse con más hermosura que una persona en la Tierra.
- Quienes cumplen la ley del silencio descubren los secretos del sonido.
- Las formas son pensamientos condensados que sólo en este planeta son considerados consistentes...
- La vida debe vivírsela con intensidad, para disfrutar la dicha de su existir consciente; pero con intensidad no significa con prisa...
- Lo que ocurre por falta de afecto tiene su causa en desconocimientos.
- El observador, que eres tú, nunca ha estado en tu interior: siempre ha estado afuera. La cabeza pertenece al cuerpo y los pensamientos están dentro de ella..., pero ¿quién te dijo que tú estás adentro de tu cabeza? Ha sido sólo una mala enseñanza...

109

Dos hombres conversaban en un bar: "Lo que me pasa es que tengo un hijo bueno y uno malo...". El amigo inmediatamente le respondió: "De dónde sacaste eso de "malo"? Nunca escuchaste ese axioma que dice que las mentes viven contrariando al corazón? El lema o el argumento de la mente es: "Divide, y reinarás."

Ésa es la solución que encuentra la mente pues a ella lo único que le interesa es dividir, crear dualidad, decir que está el bien y que está el mal, y así supone que el problema está resuelto pues todo lo malo viene del diablo y todo lo bueno viene de Dios; pero al problema sólo se lo desplaza. El diablo siempre estuvo como enemigo, como fuerza antagónica, entonces, ambos son eternos. Pero hay otra posibilidad que a la mente le resulta difícil entender, y es que no haya un diablo, que no haya dualidad, que sólo exista Dios...

Claro, sin embargo, vemos al diablo..., somos nosotros quienes lo vemos...

Me dices que uno de tus hijos es bueno y el otro es malo. ¿Ésa es la realidad o es tu interpretación? Porque ¿si es obediente, es bueno y si es desobediente, es malo? El que te sigue, es bueno, y el que se resiste, es malo. El uno acepta todo, el otro, desobedece, y es rebelde.

Los obedientes, en realidad, nunca fueron brillantes, fueron generalmente aburridos. Ningún niño obediente fue un gran científico, un gran poeta o un buen músico. Los desobedientes resultaron inventores, creadores, superaron lo viejo, accedieron a lo desconocido, etc. Como padre, ¿qué hiciste por él? Parecerá malo, pero porque está vivo ¿y quieres saber una cosa? Nos oponemos a la vida porque estamos muertos. Y queremos matar a los demás en nombre de la "educación". Si es rebelde, ayúdalo a que se desarrolle, sin interpretarlo. Lo que necesita que le des es más conciencia y no más moralidad."

"Y entonces ¿por qué yo pienso y siento así?, dudó el amigo.

"Porque nos enseñaron a pensar así, y lo que es peor, cosa que en realidad es mejor, es que a los hijos deberíamos nosotros escucharlos y comprenderlos, pero te repito: no podemos porque no nos enseñaron, no nos dieron, nadie da lo que no tiene y lo que nos dieron o enseñaron, no nos sirvió para amar..."

110

Una vez, en las puertas del cielo, se juntaron algunos cientos de almas, que eran las que anidaban en los hombres y mujeres que habían muerto ese día. San Pedro, supuesto guardián de las puertas de entrada al paraíso, ordenaba el tráfico:

"Por indicación del "Capo", vamos a formar tres grandes grupos de huéspedes a partir de la observancia de los diez mandamientos. El primer grupo con aquellos que hayan violado todos los mandamientos, por lo menos una vez. El segundo grupo, con aquellos que hayan violado por lo menos uno de los mandamientos alguna vez. Y el último grupo, que suponemos el más numeroso, compuesto por aquellos que nunca en sus vidas hayan violado ni uno, de los diez mandamientos. Bien, los que violaron todos los mandamientos, córranse a la derecha."

Más de la mitad de las almas, se corrieron a la derecha...

"Ahora, de los que quedan, aquellos que violaron alguno de los mandamientos córranse hacia la izquierda."

Todas las almas que quedaban, se desplazaron a la izquierda...

Casi todas... De hecho, todas menos una...

Quedó en el centro el alma que había sido de un buen hombre que vivió toda su vida en el camino de los buenos sentimientos, de los buenos pensamientos y de las buenas acciones...

San Pedro se sorprendió: ¡solamente un alma en el grupo de las mejores! De inmediato llamó a Dios para notificarlo:

"Mira, el asunto es así: si seguimos el plan original, ese pobre tipo que quedó en el centro, en lugar de beneficiarse, se va a aburrir como una ostra en la más extrema soledad. Debemos hacer algo al respecto."

Dios se paró frente al segundo grupo y les dijo:

"Aquellos que se arrepientan ahora, serán perdonados y sus fallas olvidadas, y podrán volver a reunirse en el centro, con las almas puras e inmaculadas." De a poco todos se movieron hacia el centro...

"¡Alto! ¡Injusticia! ¡Traición!" se escuchó de quien no había pecado.

"¡Así no vale! Si hubieran avisado que iban a perdonar, yo no me hubiese jodido la vida entera!"

111

- El profundo conocimiento del bien y del mal
  hace surgir la sensatez que debilita los obstáculos.
- Cuando la vida se vuelve una oración,
  la espiritualidad se traslada a la acción.
- No hay nada más grato al espíritu,
  ni que ilumine con más resplandor el mundo interno,
  que consustanciarse con grandes verdades.
- Es necesario estar feliz no sólo en las alegrías,
  sino también en el dolor, tratando de comprender su mensaje.
- Una vez cultivada el alma, da a la existencia el encanto
  de sus flores de bien, exclusivas de la planta humana.
- Que cada palabra haga conocer su origen a mi razón,
  la que deberá otorgarle el permiso para manifestarse.
- Las responsabilidades comienzan con la conciencia,
  o sea con el conocimiento de lo que ya no se ignora.
- No es el caso de hamacarse en el sillón de las reflexiones,
  aparentando elaborar juicios, y despertar luego
  de un plácido sueño, con el sacudón de la realidad.
- ¿Qué mal hace el hombre luchando por comprender
  lo que inquieta a su entendimiento por siglos
  y buscando a Dios en su propio corazón?
- ¿Qué mal hace, en querer saber siempre más
  para tributarle el homenaje de su gratitud?
- El misterio más profundo de este mundo
  es lograr comprenderlo...

112

¿Contento?	Descontento
¿Satisfecho?	Insatisfecho
¿Tranquilo?	Irritable
¿Realizado?	Irrealizable
¿Bello?	Horroroso
¿Sereno?	Inquieto
¿Amarillo?	Gris
¿Expandido?	Retraído
¿Encontrado?	Desencontrado
¿Maduro?	Inmaduro
¿Adulto?	Infantil
¿Alegre?	Triste
¿Bien?	Mal
¿Fuerte?	Débil
¿Amado?	Odiado
¿Único?	Uno más

Eso es lo que yo me siento...   *Eso es lo que yo me sé...*

Por esto, hoy estoy contento.

113

Paula escuchaba ansiosamente lo que Joaquín le explicaba acerca del desarrollo de los jóvenes, y de los no tan jóvenes...:
"El hombre puede seguir respirando, puede seguir comiendo, seguir envejeciendo y seguir caminando hacia la sepultura, pero eso no es vida, es muerte gradual desde la cuna hasta la tumba, durante setenta años. Millones de personas están muriendo, esta muerte lenta, y los jóvenes y no jóvenes, empezamos a imitarlos. Los niños aprenden de su alrededor, y estamos rodeados de muertos...
Cualquier animal es capaz de envejecer, pero crecer internamente es la prerrogativa del ser humano.

Un niño, que no está agobiado por conocimientos, por educación, por religiones y por todo tipo de basura, es inocente, y su inocencia es condenada como ignorancia. Pero no son lo mismo:

La inocencia no es erudita, y tampoco tiene el deseo de serlo; está contenta, realizada, es rica, es plena, es pura. La ignorancia es pobre, es un mendigo, quiere esto, quiere aquello, quiere ser erudita, respetable, rica y poderosa, se mueve en el camino del deseo.

La inocencia es un estado sin deseos, y el primer paso en el arte de vivir es crear una línea divisoria entre ignorancia e inocencia. Los sabios se han vuelto niños y han renacido.

Recuperemos la inocencia, dejemos de lado los conocimientos comunes, olvidemos las escrituras y los libros, limpiemos nuestras cabezas de todo lo prestado, que ha llegado por tradición; de todo lo que nos ha sido dado, por padres y profesores; despojémonos de ello, pues tratar de ser lo que no somos es una enfermedad del alma, y descubrir nuestro ser, y tratar de ser lo que somos es el comienzo de la vida. Entonces un nuevo amor comienza a crecer, una nueva compasión, una nueva sensibilidad, una amistad con los árboles, con los pájaros, con los animales, con los ríos, con las estrellas..."

—Me parece todo muy ideal..., ¿será cuestión de recuperar la inocencia perdida...?

114

- En la medida en que el planeta se aproxima al desequilibrio, nuestras responsabilidades aumentan.
- Tres Fieras circulan por la Tierra. Se visten de dinero y ambición y duermen en el lecho de quienes dicen ser los centinelas de la luz.
- En la quietud de los valles se deslizan luces silenciosas. Trabajan por el provenir y construyen lo que no podemos ver.
- La planta humana da flores variadas y de especies diferentes, representando obras bellas, que luego serán reunidas.
- Los falsos profetas se multiplican; cumplen el papel de guardianes de las tinieblas y tratan de apartar a los puros de la realidad.
- Como el ser humano responde a leyes cósmicas, el tiempo de las religiones se está acabando.
- Vivimos un tiempo de despertar, y nuestra búsqueda es la del estado real de nosotros mismos.
- En las limitaciones que nos encontramos, no están las leyes del espíritu; es condición temporaria, material. Quienes vigilaban se descuidaron. Los hombres colocaron peso para hundir el barco. La omisión y la complacencia firmaron la traición. Un llamado penetra silenciosamente la conciencia...; la calma es traicionera y la ley se aproxima.
- No es que estamos nosotros en nuestro cuerpo, sino que nuestro cuerpo está con nosotros, por lo que tampoco estamos en el mundo, pero el mundo está en nosotros...

115

Un día, el amigo "investigador" escuchó atentamente:

"Recuerdas cuando en la escuela nos enseñaron que existían tres Reinos de la Creación, el mineral, el vegetal y el animal? Bueno, lo que aún no se sabe es a qué reino pertenecen los que nos enseñaron eso, porque no fueron tres, sino que siempre fueron cinco los Reinos: el reino mineral, el reino vegetal, el reino animal, el reino hominal y el reino espiritual.

Si por la belleza de las piedras preciosas percibimos lo que el reino mineral ha realizado; si por la perfección de la flores y por la utilidad de las plantas percibimos aquellas útiles y bellas donaciones, para nutrir a los demás reinos, la humanidad, sin embargo, usufructuó y contaminó, sirviendo poco al mundo en que se encuentra.

En general, el reino hominal no asumió su papel humano en la cadena evolutiva, y en relación con el servicio al planeta, nuestra "humanidad", que goza de razón y de conciencia, no se encuentra por encima de los otros reinos de la naturaleza. Dicen que el hombre cuando se comporta como un animal, es peor que un animal…

El "hornero" o "Juan de barro" construye una casa; el "tatú" o "mulita" cava una cueva; las hormigas hacen hormigueros, y nosotros los seres humanos, cuando construimos nuestras casas, ¿agregamos algo a esa acción, aparte de la que realizan los animales? ¿Cuál? ¿Por qué, y para qué?

Y en relación con el reino espiritual, no estamos en el mundo como seres físicos con experiencias espirituales, sino que ¡estamos en el mundo como seres espirituales, con experiencias hominales, físicas…!"

116

—Carolina, ahora que estoy viviendo un poco menos apegada a las relaciones familiares cercanas; me siento muy sola, demasiado sola... —le dijo por teléfono Pamela a su vieja amiga.

—Mira, me llegó un mail que te va a interesar, y te lo llevaré esta tarde cuando nos juntemos en el Centro. Por ahora puedo decirte que aunque estés físicamente sola, estás muy acompañada; pero sucede que no te das cuenta, y tu olvidada compañía está esperando que te des cuenta de ella. Quiere darte todos los gustos, todas las alegrías, y toda la energía, pero no le das atención.

Cuando llegaron ambas al centro, y Carolina le dio la carta prometida, Pamela leyó en voz alta:

"Esta mañana cuando te levantabas, te observaba. Esperé que me hablaras aunque fuera un poquito, preguntando mi opinión respecto de algo o agradeciendo por algo bueno acontecido; pero estabas muy ocupada buscando ropa para salir.

»Esperé y pensé que tal vez tendrías unos minutitos, pero estabas demasiado ocupada. Para ver si me percibías encendí el cielo para ti y lo llené de colores, pero ni siquiera lo advertiste.

»Esperé pacientemente todo el día, y a tu regreso del trabajo quise rociarte para que el agua se llevara tu cansancio y pensé que agradándote te acordarías de mí.

»Deseaba tanto que me hablaras y que me dedicaras unos segundos..., pero entendí tu silencio; apagué el resplandor del cielo, pero sin dejarte a oscuras pues lo cambié por un lindo lucero, que no estuviste interesada en mirar. Te fuiste a dormir cansada y acompañé tus sueños con música y animales.

»No adviertes que estoy para ti, pero tengo mucha paciencia y te amo tanto que espero todos los días...

»El paisaje de cada amanecer es para ti, y continuaré esperando por si hoy me dedicas un poquito de tiempo. Que tengas un día muy lindo...»

Cuando Pamela terminó de leer, Carolina le hizo una pregunta:

—¿Adivinaste de quién se trata?

117

- No-violencia significa no violentarme, no violentar a mi ser natural: "tengo que hacer esto ahora", "debo comer porque es la hora", etc. Vivimos violentando nuestro cuerpo y nuestro ritmo natural.
- Cuando damos no es cuestión de desprendernos de algo, sino de compartir algo.
- Si nos conectamos en un nivel superior, podemos evitar alguna caída. Ese fugaz instante será capaz de cambiar la situación.
- Si a un arquero, que dispara con toda destreza,
  le ofrecen un premio de oro,
  se pone nervioso y ve dos blancos:
  aunque su destreza no varió, el premio lo dividió.
- La parte masculina ve el árbol,
  la parte femenina ve el bosque, y ambas son necesarias.
- Sólo es posible ocuparse de una cosa a la vez,
  lo que no quiere decir que es posible verlo todo.
- Lo que atrae al ego no ayuda al crecimiento espiritual,
  y lo que ayuda al crecimiento espiritual no le agrada al ego.
- Cuando alguien se culpa a sí mismo,
  se está preparando para culpar a los demás,
  y culpando a los demás, se culpa a sí mismo...
- Queremos emociones, lo que no es felicidad,
  y cada vez que tenemos una emoción, tenemos una ansiedad,
  pero preferimos la ansiedad a la felicidad.
- Neurótico es quien se pasa la mitad de su vida
  fabricándose trampas, y la otra mitad, cayendo en ellas.

118

Dos amigos en un bar:
—¿Qué opinas del sexo?
—Opino que es en lo único que nos asemejamos al animal. En lo demás, somos artificiales. Por ejemplo, estás comiendo, y ya no eres como los animales: tus mesas, tus modales, tu cultura, las etiquetas que has creado, tienen como finalidad distinguirla de los animales. A ellos les gusta comer solos, por eso la sociedad dice que comer solo no es bueno: "Comparte, come con la familia, con amigos, invita!".

A ningún animal le interesan los invitados, los amigos o la familia. No quiere que nadie se acerque mientras come, se aísla.

Si un hombre quiere comer solo, " es como un animal...", no quiere compartir. Hemos creado tanta sofisticación alrededor del hábito de la comida que el hambre perdió importancia y el gusto es más importante. Ningún animal se preocupa por el gusto; la necesidad es hambre, y si el hambre es saciado, el animal queda satisfecho. Pero el hombre no, como si no se tratara del hambre sino de otra cosa.

Los modales son más importantes, el cómo comes es más importante que lo que comes.

Como los animales están desnudos, el hombre no quiere estar desnudo. Si te desnudas en la calle, aunque no le hagas mal a nadie, enseguida vendrá la policía y te meterán preso. Pero un delito sucede cuando haces algo, ¡no cuando no haces nada! ¿Y por qué se enoja tanto la sociedad si ni siquiera con un asesino se muestra tan enfurecida? Incluso el asesinato es "humano".

Ningún animal asesina; mata para comer, pero no asesina. La sociedad no acepta la desnudez, porque puede tomar conciencia de que todos los hombres son animales por más ocultos que estén bajo sus ropas.

Con hábitos de comida y modales, el hombre no es un animal, pero el sexo es una actividad animal. No lo reprimas, pero sí compréndela. Es algo natural, y entonces serás un salvaje consciente, vivo y bello, en lugar de un reprimido, merced a las fuerzas del mal, y serás mejor, siendo un animal bello que un hombre civilizado falso...

119

Érase una vez un hombre muy rico, pero triste, que tenía un sirviente, que como todo sirviente de hombre rico, era feliz. Servía el desayuno tarareando una canción, y siempre una gran sonrisa distendía su rostro. Su actitud con la vida, era serena y alegre. Un día, el rico lo llamó y le preguntó cuál era su secreto, respondiéndole el sirviente: "No hay ningún secreto..., usted me honra permitiéndome atenderlo, y mi esposa y mis hijos viven cómodamente, ¿cómo no sentirme feliz?".

El dueño de casa no entendía, así es que llamó a su mejor amigo y le preguntó cuál era el secreto de aquel sirviente. El amigo le explicó:

—Lo que sucede es que tu sirviente está fuera del circuito 99, ¡y eso es lo que no lo hace infeliz...! Pero sólo lo entenderías observándolo en el hecho real, o sea haciéndolo entrar en el circuito, aunque nadie puede obligarlo a entrar, pero sí entrará solito si le damos la oportunidad...

—¿Y no se dará cuenta de que será su infelicidad?

—Sí, pero no lo podrá evitar, ya verás. Tú estás dispuesto a perder a tu sirviente sólo para poder descubrir y entender la estructura del circuito y del porqué él era feliz?

—Sí. respondió el Rico.

—Bien, esta noche te pasaré a buscar, y deberás tener preparada una bolsita con 99 billetes de 500 pesos cada uno.

Esa noche, juntos entraron en el jardín se ocultaron al costado de la casita del sirviente y esperaron el amanecer. Cuando se encendió la primera luz dentro de la casita, colgaron la bolsita en la puerta de salida del sirviente y le pincharon un papel que decía: "Este tesoro es tuyo por ser un buen hombre, disfrútalo y no cuentes a nadie cómo lo encontraste."

Se volvieron a esconder y cuando el sirviente salió, encontró la bolsita, la abrió, se sentó en el piso y empezó a contar los billetes. Sus ojos no podían creer lo que veían. Empezó a apilar cada 10 billetes, hasta que en la última capa vio que faltaba un billete. Revisó la bolsita, el piso, todo el suelo alrededor, y se dijo: "¡No puede ser...! ¡Me robaron! ¡Malditos!". Y siguió buscando entre sus ropas, en sus bolsillos, y habiendo colocado la montañita sobre la mesa, la ultima parte denunciaba la falta de un billete de 500 pesos. "Noventa y nueve no es un número completo, debería ser cien..." Su rostro ya no era el mismo; tenía el ceño fruncido y sus ojos arrugados pensaban: "¿Cuánto tiempo tendría que ahorrar, para adquirir el billete número cien?". Hablaba solo, en voz alta, y estaba dispuesto a trabajar duro hasta conseguir lo que faltaba, porque con 100 billetes de 500 se era rico ¡y se podía vivir tranquilo toda la vida...! Calculó que comiendo menos, en diez años juntaría ese dinero... Había entrado en el circuito 99. Desde ese día servía el desayuno refunfuñando y de mal humor. Ya no era agradable tener un sirviente con ese carácter, así es que el rico decidió despedirlo...

120

- La voz de quien conoce el amor
  es más fuerte que el redoblar de tambores,
  pero también es silenciosa.
- Muchos no entendieron el valor de la rectitud,
  y cuando el bien parezca olvidado,
  la potencia de la ley caerá sobre la Tierra.
- Cada día es una perla enhebrada en el hilo de la vida.
  No enhebremos piedras que nos doblarán con su peso.
- Se puede caminar rápido y se puede correr con lentitud.
  Cuando corremos, hay un instante en que estamos en el aire,
  esto aclara por qué el riesgo de caer es mayor cuando corremos...
- Si plantan la semilla de la verdad, ésta tiene su propia fuerza y florece.
  Si plantan en nuestra conciencia la semilla de la mentira,
  ella también tiene su propia fuerza.
- Si al hombre le descubrieran los secretos de la vida causal,
  le privarían del derecho de evolucionar
  y de lograr el conocimiento verdadero.
- La memoria es física y sujeta a fluctuaciones y fallas personales;
  la conciencia, en cambio, es espíritu viviente y no varía nunca,
  siendo la evocación del recuerdo, inalterable.
- Una cosa es imaginación, y otra, fantasía.
  La facultad de imaginar produce imagen-en-acción,
  y esta imaginación, nunca debería apartarse de la realidad.
- Si yo soy yo porque tú eres tú, y tú eres tú porque yo soy yo,
  entonces, ni yo soy yo, ni tú eres tú.
  Pero si yo soy yo porque soy yo, y tú eres tú porque eres tú,
  entonces sí, yo soy yo, y tú eres tú.

121

Había una vez, en la época del rey Arturo, una enfermedad mortal, de la cual mucho se hablaba pues los médicos desconocían. Al propio rey le tocó padecerla, y los médicos no podían hacer nada para combatirla. El mejor amigo del rey, Sir Galahad, compañero de batallas a quien el rey salvó de morir en varias oportunidades, tuvo la idea de convocar a la bruja de la montaña para salvarlo. A pesar de las advertencias, fue personalmente a buscarla y ante la espantosa escena de la horrible bruja de nariz larga llena de granos, uñas como garras, rodeada de murciélagos y buitres, en medio de animales y olores nauseabundos, con dificultad, decidió preguntarle:

"Vengo por mi amigo el rey..., está moribundo. ¿Podrás ayudarme?"

La bruja mirando al elegante, esbelto y hermoso señor, le dijo:

—Si curo al rey, ¿estarás dispuesto a pagar el precio? El precio es casarte conmigo. A Galahad le produjo un rechazo visceral, pero pensó en su gran amigo que tantas veces le salvó la vida, y respondió que sí. El señor acompañó a la bruja al palacio, abucheada por el pueblo, pero siendo bien tratada por Galahad. Se acercó al enfermo, le dio un brebaje, y minutos después el rey respondía: "Galahad! Tengo hambre. ¿Qué me ocurrió? ¿Y qué hace esta horrible bruja en mi dormitorio? ¡Fuera...!". Con alegría, Sir Galahad le explicó:

—¡Estás hablando con mi futura esposa; es el precio que pagué para que te salve, y yo respeto mi palabra —respondió Galahad.

Fue así que el rey les asignó una hermosa cabaña junto al río y ambos se casaron. Ese día, cuando llegaron en el hermoso carruaje, Galahad fue a guardar los caballos mientras su esposa entraba a la casa, y cuando regresó, se encontró con una preciosa princesa de ojos grandes y piel suave, quien le dijo:

—No te asustes, yo soy tu esposa, estamos casados y debes saberlo: Éste es mi otro aspecto. La mitad del tiempo seré la que soy ahora y la otra mitad, la que conociste. Deberás elegir cuál quieres de día y cuál, de noche. Galahad sorprendido pensó un momento y le dijo:

—Como eres mi esposa, quiero que seas la que tú decidas ser.

Y cuenta la leyenda que cuando la bruja escuchó esas palabras, y se dio cuenta que podía ser la que ella deseaba ser, decidió para siempre ser la más hermosa y la que más le gustaba a su pareja...

122

En un día hermoso, se juntaron los jóvenes a jugar a la pelota.
Ya cansados, y mientras tomaban un refrigerio, el investigador aprovechó para saciar además, una curiosidad:
—Te parece que en esta vida tenemos que correr algún riesgo?
—La vida consiste en explorar, ir hacia lo desconocido, ser valientes y sacrificar todo por ella porque nada vale más que la vida.
No la sacrifiquemos por cosas pequeñas como dinero, seguridad, estabilidad, porque nada de eso tiene valor.
Quienes quieren vivir realmente, tienen que afrontar muchos riesgos, moverse más y más en lo desconocido, aprender que no existe hogar, que la vida es un peregrinaje, que hay lugares donde se puede descansar pero para pasar la noche y a la mañana poder irse nuevamente.
La vida es continuo movimiento, y el único alimento de la vida es el riesgo, es la belleza pura de todas las posibilidades.
Es bellísimo que la vida consista en encontrarse con lo nuevo, entrar en armonía con ella, siguiéndola, sin deseos personales o privados, sin ideas de cómo debe ser. Dejándola ser, relajándonos.
Tu casa parece una tumba. Demasiado apego a la seguridad mata, porque la vida es inseguridad y nadie puede hacerla segura.
Todas las seguridades son falsas. Además, buscamos lo que el tiempo no puede destruir, y lo que no se puede robar...!
Por ejemplo, el amor no conoce a la legalidad, y cuando el amor desaparece pero la esposa sigue siendo la esposa y el marido el marido, hay muerte entre ellos.
¿Es por causa de la seguridad que creamos el matrimonio y la sociedad?
La vida es salvaje, el amor es salvaje, y Dios es absolutamente salvaje. Quizás Él no vendría a tu jardín por ser demasiado humano, ni vendría a tu casa por estar demasiado cerrada. No andaría por senderos trazados, porque es salvaje, como la vida misma, interpenetrada por su propio Espíritu...

123

- Podemos lograr mejor contacto con la realidad inmaterial, superando viejos hábitos y costumbres.
- Encontrar paz dentro de la pasión y pasión dentro de la paz es el despertar hacia el verdadero amor...
- El equilibrio interno entre los opuestos es lo más importante que nos puede acontecer.
- La base del amor no es sólo cómo actuamos o sentimos, sino que depende de nuestro estado de conciencia.
- Seamos borrachos de la vida, bebiendo el vino de la existencia.
- La energía es inmaterial y sus colores son inmateriales, como la electricidad que no toma cuerpo, como el viento que no toma forma, pero sí trabajan, incansablemente...
- La vida no descansa, continúa sin interrupción y todos podemos compartir su fluir, aunque la mayoría la observamos pasar...
- Si conectamos accidentes, riesgos, asaltos, malestares y hechos morales a una vibración alta, trascendente, el peligro se aparta por no encontrar afinidad con ellos...
- Cuando comprendemos que nuestra permanencia en este plano es un pequeño lapso en nuestra infinita trayectoria cósmica, podemos permanecer en soledad, rodeados de personas, sin necesidad de robar energía...
- Los seres humanos hemos necesitado el desequilibrio, para apreciar y reconocer el equilibrio.

124

Había una vez una guerra terrible, en la cual un grupo de soldados estaba emprendiendo la retirada, cuando de pronto uno de ellos se dio cuenta de que su amigo no estaba, que había quedado atrás.

El soldado se acercó al sargento y le dijo:

—Sargento, quiero volver a buscar a mi amigo.

—Tu amigo ha sido alcanzado por la metralla. Yo lo vi caer en el camino y ya estaba inmóvil cuando cayó, así que debe estar muerto.

Además, si vuelves hacia atrás, perderemos a otro soldado —le explicó el sargento.

—¡Es que él es mi amigo...! Tengo que volver.

—Te pido que no lo hagas. No se justifica. No tiene razón de ser.

Voy a ir igualmente... —insistió el soldado.

—¡Te lo prohíbo! —le gritó el sargento.

Pero el joven no lo pudo evitar y desobedeciendo las órdenes, mientras la tropa se retiraba, volvió atrás, a buscar aunque fuera el cuerpo de su amigo.

Pasaron treinta y cinco minutos y el soldado trajo la medalla de identificación de su amigo, y su casco.

—Te dije que no valía la pena volver y arriesgarse por una medalla y un casco, pero me alegro que tu estés vivo —le dijo el sargento.

El soldado le respondió:

—Claro que valía la pena: cuando llegué, mi amigo aún vivía, me vio llegar, me miró a los ojos y me dijo: "Sabía que ibas a venir...".

125

Sentada Paula frente a su clásica taza de café con leche, le preguntó a Joaquín:
—¿En Oriente, son más espirituales que en Occidente?
—Quieren serlo, pero lo necesario es el equilibrio. En la India por ejemplo, se produjo un desequilibrio. En Oriente se eligió la parte callada, la parte inmóvil, y se negó la parte activa. Se perdió la agudeza de la inteligencia y del vigor corporal, y luego todo se debilitó.

Oriente se volvió más y más aburrido y desagradable, como si la vida fuera una carga a soportar, una obligación a cumplir, un karma a sufrir, y no un placer o una danza.

Se debilitó porque con un punto inmóvil no se puede seguir siendo fuerte durante mucho tiempo. La fuerza requiere de actividad y movimiento. Con un punto inmóvil, uno se transforma en un muerto.

Oriente perdió sus músculos, el cuerpo se puso flácido y así cualquiera podía conquistar a Oriente. Durante miles de años, no hubo otro destino que la esclavitud.

En Occidente pasó lo contrario: optaron por la parte activa, por la periferia, y creen que el alma o espíritu, no existe. Consideran que la actividad es todo, y que la vida no es más que ser activo, disfrutar, tener logros, tener ambiciones, conquistas, y el resultado es más y más locura, pues al negar el silencio y la parte inmóvil, no se puede permanecer sano.

Con la parte activa únicamente, el ser se torna loco.
¿Qué es la locura y qué les sucedió a los locos?
Han perdido contacto con su punto inmóvil.
Estar enajenados es estar ajenos a uno mismo.
El Occidente es un gran manicomio...

126

- Dos son los polos necesarios para la evolución:
  el servicio en el mundo físico, y también en el metafísico.
- La no identificación, pero sí el conocimiento, de la realidad
  de quienes somos, nos lleva a nuestra realidad interior.
- Los pensamientos superiores, los utiliza el espíritu,
  los pensamientos inferiores, los utiliza el alma.
- Nadie es más que yo, por tener más que yo, y
  renuncio a creer que alguien es menos que yo,
  por tener menos que yo...
- El gran estímulo para aliviar los problemas que nos agobian,
  está en las realidades universales, con los ocultos encantos
  bajo la corteza de la dura y torpe personalidad.
- En el matrimonio, como en cualquier empresa,
  cada uno debería ceder el 50% de su libertad,
  el 50% de sus derechos, y el 50% de sus razones.
- El hombre es el único animal que se aburre.
  ¿Has visto algún burro aburrido?
- Mientras el mundo físico labra posiciones acumulando dinero,
  el mundo consciente labra conocimientos metafísicos,
  en beneficio de toda la humanidad.
- Si no podemos ser fuente de agua,
  por lo menos seamos una gotita de rocío
  que brille en una hoja de alguna planta, al salir el sol.
- Nada más extraordinario que sentir la propia transformación
  al lado de la persona amada.

127

Cuenta una leyenda, que antes de que la humanidad existiera, se reunió un grupo de duendes, para hacer una travesura...

Uno de ellos dijo que muy pronto serían creados los seres humanos, y que no consideraba justo que tuvieran tantas virtudes y tantas posibilidades... A lo que el más anciano de ellos agregó:

"Está previsto que tengan defectos y dobleces, pero eso sólo servirá para hacerlos más completos. Tal vez podamos privarlos de algo, que les haga vivir cada día un desafío..." "¡Qué divertido!" dijeron los demás. Un duende joven y astuto, desde un rincón, comentó:

"Deberíamos quitarles algo que sea importante..." y todos pensaron...

"¡Ya sé!" dijo uno viejo, "¡Vamos a quitarles la llave de la felicidad!"

"¡Maravilloso! ¡Fantástico! ¡Excelente!" gritaron todos y bailaron...

"¡El problema va a ser en dónde esconderla para que no la puedan volver a encontrar!"

El primero de ellos sugirió esconderla en la cima de la montaña más alta del mundo, a lo que otro, enseguida le contestó que podrían subir y encontrarla. Otro duende propuso esconderla en el fondo del mar, pero le contestaron que el hombre construiría un aparato para bajar y la encontraría fácilmente... Otro miembro del grupo de duendes dijo:

"Escondámosla en un planeta lejano a la Tierra!" Otros dijeron:

"Recuerden sus inteligencias... Alguno va a construir una nave en la que puedan viajar a otros planetas..." El duende más viejo, que había permanecido en silencio, escuchando atentamente, se puso de pie y sugirió: "Creo saber dónde ponerla para que no la descubran... Debemos esconderla donde nunca la buscarían..."

Todos asombrados preguntaron: "Dónde?" Y el anciano respondió:

"Dentro de ellos mismos, muy cerca de su corazón.".

Todos aplaudían y reían, mientras uno contento gritaba:

"¡Estarán tan desesperados buscándola afuera, sin darse cuenta que la traen consigo todo el tiempo! ¡Ja, ja, ja!"

El joven astuto preguntó: "Pero si los hombres tienen el deseo de ser felices, y surge algún sabio que la descubre, no le dirá la clave a todos?" —"Quizá sí, pero como desconfiarán de las cosas simples, si un sabio revelara el secreto, nadie le creerá..." dijo el anciano.

128

—Tú que eres tan sabio, dime ¿cómo es esa cuestión de Shakespeare, de "Ser o no ser?" No logro entender..., ¿podrías explicarme?
—Sucede que ambos son importantes: ser, y no ser.
Te comento lo que entendí cuando leí los cuatro pasos para no ser.
El primero, estar aquí y ahora porque sólo así el amor es posible.
En el pasado, muchos vivimos de recuerdos; otros amamos el futuro, y así no se puede "ser". Si uno piensa demasiado, las energías se separan de los sentimientos y no hay conciencia.
Segundo paso, aprender a transformar los venenos en miel.
Muchos amamos, pero nuestro amor está contaminado con odio, celos, furia y miles de venenos. Sólo se necesita paciencia y cuando se sienta rabia, no hacer nada, sólo sentarse silencioso y observarla, sin estar en contra ni a favor. No cooperar con ella y no reprimirla, sólo observarla, teniendo paciencia, mirándola.
Tercero: Cuando tengamos algo positivo, compartirlo y eso hará que nuestra vida fluya como un río, y todo lo que damos quede con nosotros. Todo lo que acumulamos está perdido. Cuanto más compartimos, más tenemos, y no nos preocupemos si somos o no correspondidos; no esperemos ni siquiera las gracias; sintámonos agradecidos a la persona que nos permitió compartir algo con ella.
El cuarto paso es: Ser nadie y ser nada..., para poder ser todo.
Cuando empezamos a pensar que somos alguien, nos estancamos, no fluimos. En cambio cuando estamos vacíos, hay amor...
Cuando estamos llenos de personalidad, el amor desparece.
Es imposible que el amor y la personalidad estén juntos.
El no ser es la fuente del infinito, es el amor, es todo..."
¿Me quieres decir que es nuestro "no ser" el que hace evolucionar a nuestro "ser"? ¿Y que nuestro "ser" debe ceder su lugar a nuestro "no ser"?
—Sí. Nuestro ser debe ceder ante nuestro no ser, pero ambos, hacen evolucionar a ambos...

129

- Dicen que el carácter se templa en la lucha,
  pero una cosa es luchar con conocimientos,
  y otra cosa es luchar sin ellos.
- El amor es una escalera, que comienza con una persona
  y termina con la totalidad...
- La ley de evolución, ofrece minuto tras minuto,
  oportunidades para cambiar y mejorar.
- La selección se cumple en todos los procesos del universo,
  incluso en la vida del hombre.
- Las culturas agotan sus recursos repitiendo las mismas cosas
  para ilustrar la vida interna de los hombres,
  sin poder elevarlo hasta el saber esencial.
- Cuando la inercia sume al hombre en la inmovilidad,
  éste lleva a cuestas, como un peso muerto, a su propio espíritu.
- La raíz del sufrimiento es el apego,
  y la supresión del sufrimiento, es el desapego.
- El recuerdo de un mismo episodio nos torna felices o infelices,
  según su reviviscencia, consciente o inconsciente.
- La presencia de la muerte nos pone frente a la responsabilidad
  de darle sentido a nuestra existencia cuando se revela
  como el tránsito de un camino amoroso.
- Los que detuvieron palabras crueles
  oyen cánticos de alegría.
- Sólo quien saber decir que no, sabe decir que sí.

130

A las amigas se les ocurrió cenar pescado en la costanera ya que el clima frío permitía comerlo bien fresco. Mientras saboreaban el buen vino, Pamela manifestó su duda:

—Si los hijos pueden ser tan crueles con sus padres (así como los padres con sus hijos), ¿por qué entonces nos eligieron a nosotros como padres?

—Porque les estamos dando lo que vinieron a recibir, pero debemos tener cuidado al pensar cuál es la preparación que les corresponde y cuáles deberían ser sus verdades, porque no estamos calificados para evaluar esa experiencia, excepto ellos mismos.

En mi opinión los padres cometemos un gran error cuando damos por sentado qué deben hacer y ser nuestros hijos. Esta presunción no hace más que cortar las opciones para esas almas, error que puede crear décadas de resentimiento. Una forma sutil de maltrato es absorberles energía interactuando. También podemos herirlos al no intervenir respecto de la disciplina, lo que equivale a un abandono.

—Pero ¿qué madre no sueña con futuros para sus hijos? —preguntó Pamela, y continuó—: Podemos tener percepciones especiales respecto de los planes educativos y acerca de problemas psicológicos que nuestros hijos deberían tener conciencia...

Carolina le continuó explicando:

—Aunque tengamos visiones intuitivas sobre los caminos futuros de nuestros hijos, no debemos sacar conclusiones o crear profecías autograficantes. Estaríamos quitándoles autoridad sobre su futuro que siempre será más amplio. Lo que podemos hacer es compartir sentimientos resistiendo la tentación de guiarlos.

Los errores que cometan les enseñarán lecciones esenciales. Están aquí porque quieren aprender nuestra visión de la vida, pero debemos ser honestos, para que puedan oír y comprender. Al principio somos dadores de energía, y pronto empiezan a devolvernos mensajes importantes que nos muestran lo que somos. Si nos negamos a enfrentar reacciones negativas, nos volverán reflejadas en sus actos. Pero eso sí: hay una motivación profunda: es para nosotras, un gran paso evolutivo.

131

Dos amigos en un bar:
—¿Te acuerdas de la película *Zorba el griego*? ¡Qué ejemplo de vida!
—Sí...., Zorba el griego era muy bello, terrenal, enraizado, como un cedro gigante, pero no podía volar, no tenía alas, ¿no es cierto?

Bueno, yo tampoco te diría que te conviertas en un monje, porque un monje es aquel que ha ido en contra de Zorba, un escapista, un cobarde, que ha hecho algo precipitadamente, sin inteligencia. No es una persona madura. Un monje es inmaduro, codicioso, ambicioso del otro mundo, y lo quiere demasiado pronto, y él no ha madurado todavía... Buda, fue un Zorba, pues es este mundo el que nos da la madurez, la integridad, los desafíos. Nos da la oportunidad de centrarnos, de estar alertas y ese estar alerta es la escalera con la que puedes subir de Zorba a Buda. Pero solo Zorbas llegan a Budas, porque Buda nunca fue un monje. Un monje nunca ha sido Zorba, es un imitador, es falso, imita a los Budas, aunque sea cristiano, mahometano o cualquier otro.

Un monje lucha contra el mundo, se divide, y la mitad de su ser es de este mundo y la otra mitad se ha vuelto codiciosa del otro mundo.

Y lo de abajo tira de él, pues todo lo bajo se vuelve más atractivo cuanto más se lo reprime y por no haber vivido lo más bajo, no se puede obtener lo más alto. Es como si la "florcita del barro", dijera que su semilla no puede caer en el barro...

Si permanecemos leales a la Tierra y no creemos en quienes nos hablan de otras diferentes esperanzas terrenales, confiamos en la Tierra que es nuestro hogar, y no ansiamos otro mundo.

Si vivimos éste, vivámoslo con pasión, intensidad, totalidad, y con todo nuestro ser. Con toda esta confianza y esta vida de pasión, amor y alegría, seremos capaces de ir después, más allá...

El otro mundo no está separado de éste ¡y no está en contra de éste!

El otro mundo ¡está escondido en éste!

¡Me gustó mucho...!, porque una vez escuché, que en lugar de ocuparnos tanto del más allá, deberíamos ocuparnos uno poco más del más acá...

132

- Por más incómodos que nos hallemos,
  la molestia se atenúa si pensamos que podríamos estar peor.

- No es tan grande la contienda cuando se sabe
  que hay fuerzas que asisten y defienden una causa noble.

- La actividad es la fuente de energía que impide al hombre
  sucumbir ante la inercia.

- Es la sabiduría la que nos permite descubrir
  qué es lo que en verdad anhela el espíritu de cada uno.

- Cuando amamos, vemos más allá de lo que se ve;
  en el amor, los cánones estéticos pierden valor.

- Las fibras policromas del alma,
  del corazón y del carácter,
  lucen armónicamente combinadas,
  en las tramas doradas de la inteligencia.

- Al final de cada día, podemos realizar un balance
  de lo constructivo y de lo inútil,
  Y de lo bueno y de lo malo que hayamos realizado.

- La risa espontánea y franca,
  desentumece las fibras endurecidas
  del temperamento humano.

- El arte de encontrarte y el arte de recrearte,
  consiste en descubrir el equilibrio entre los opuestos...

- Para poder conocer nuestra libertad,
  conozcamos primero,
  las cadenas que nos esclavizan.

133

Había una vez, un niño llamado Juan, que según decían en su escuela, era retardado mental.
A muchos alumnos los mandaban al psicólogo, para aliviarse, no para curarse...
Evidentemente Juanito no era retardado mental.
Juanito asistió a la clase de cerámica, en su escuela, tomó el pedazo de arcilla que le correspondía y se puso a modelarla.
Luego sacó un pedacito de aquella arcilla y se fue a un rincón de la sala, a jugar con ella.
La maestra se acercó inmediatamente y le preguntó:
—¿Qué es lo que tienes en la mano, Juanito?
—Es un poco de estiércol de vaca...
—¿Y qué estás haciendo con ese estiércol?
—Estoy haciendo una maestra...
La maestra pensó que Juanito tuvo una regresión, de modo que llamó al Director que pasaba en ese momento y le dijo que Juanito sufría una regresión; entonces el Director se acercó a Juanito, y le preguntó:
—¿Qué es lo que tienes en la mano, Juanito?
—Un poco de estiércol de vaca...
—¿Qué estás haciendo con ese estiércol?
—Un director de escuela.
El director pensó que era un caso para el psicólogo así es que ordenó llamar al psicólogo de la escuela.
El psicólogo era inteligente, así es que se acercó al niño y le dijo:
—Juanito, yo sé lo qué tienes en la mano.
—¿Qué?
—Un poco de estiércol de vaca.
—Correcto.
—Y yo sé qué estás haciendo con él: un psicólogo...
—Se equivocó. No tengo suficiente estiércol para eso...

134

Un buen día llegó hasta la selva proveniente de la ciudad un búho de cautiverio, que le contó a todos los animales acerca de las costumbres de los humanos. Por ejemplo, que en las ciudades calificaban a los artistas, en competencias, a fin de decidir quiénes eran mejores, ya sea en pintura, en escultura, en canto, etcétera.

La idea de transplantar costumbres humanas prendió fuerte entre los animales. De inmediato se organizó un concurso de canto en el que se anotaron todos, desde el jilguero hasta el rinoceronte. Guiados por el búho, se decretó que el concurso se definiría por voto secreto de los concursantes, y que así serían su propio jurado.

Todos los animales, incluido el hombre, pasaron al estrado, cantaron y recibieron el aplauso de la audiencia. Luego anotaron su voto en un papelito y lo colocaron en la urna que sostenía el búho. Cuando llegó el momento del recuento, el búho subió al escenario, flanqueado por 2 ancianos monos, y comenzó el recuento de votos del transparente acto eleccionario, ejemplo de vocación democrática, como escuchó decir en las ciudades a los políticos. Un mono anciano sacó el primer voto y ante la emoción general, el búho gritó:

—El primer voto, hermanos, es para el amigo burro!

Se produjo un gran silencio seguido de tímidos aplausos...

—El segundo.... ¡para el burro!

Silencio.

—Y el tercer voto, ¡para el burro!

Todos se miraban sorprendidos, luego acusadoramente y luego culposos y avergonzados. Sabían que no había peor canto que el del burro, sin embargo, terminado el escrutinio, quedó decidido, por libre elección y por un imparcial jurado, que el grito del burro era el ganador, ¡era la mejor voz de la selva y sus alrededores...!

Más tarde, el búho desde el estrado, explicó lo sucedido:

Cada uno considerándose a si mismo indudable vencedor, dio su voto al menos calificado, que no representaba amenaza alguna a su proclamación, y sólo dos votos no fueron para el burro: el del propio burro, que votó por la calandria, y el del hombre, que votó por sí mismo.

135

- No esperemos ni deseemos una vida sin conflictos;
  veámoslos como una oportunidad para desarrollarnos.
- No nademos en contra de la corriente,
  ni tampoco en favor de la corriente.
  Nademos, simplemente, con la corriente...
- Dios nos concedió ventajas de las que que carecen
  otros seres de la Creación.
- ¿A quién sino a la Sabiduría Universal
  recurrimos en busca de explicaciones?
- La libertad, forma el vértice de un triángulo
  cuya base descansa en el deber y en el derecho.
  Frente a ese ternario debe alzarse la responsabilidad
  y el futuro de la humanidad dependerá de esta realización,
  que asegurará la paz sobre la Tierra.
- El que pierde la paciencia como el que pierde la billetera,
  queda con la mente perturbada,
  y en ambos casos, el hecho acontece por descuido.
- Las obras trascendentes no se hacen con desgano,
  sino con el convencimiento de que se cumple con un deber sagrado.
- Cuando el silencio se revela, hay que consagrarse al silencio.
  Cuando el silencio se aleja, en silencio hay que esperar su retorno.
- Solamente un hilo de agua separa a los hombres de la vida
  liberada; sin embargo, hay que cruzar la correntada.
- La diferencia entre felicidad y éxtasis
  es que la felicidad se debe a alguna razón,
  y el éxtasis es estar vivos, en este universo
  que tiene el sol, la luna, las estrellas, a ti y a mí...

136

—¿Y cómo andas hoy, Carolina?
—Bastante bien, para lo que hay que vivir...
Parece que siempre depende de cómo quiera vivirlo yo, el día, porque si no decido algo yo, lo decidirá alguna otra idea por mí. ¿Te acuerdas de ese aforismo que decía: "En dominios abandonados, ingresan huéspedes ingratos?". Bueno, abandonarse no es igual que fluir, porque primero yo decido, y luego entonces me dejo fluir.

Pamela manifestó entonces lo que estaba sintiendo:
—Yo en cambio, aparte de estar enojada con medio mundo, ando un poco confundida, porque estuve leyendo un librito que dice que para llegar a ser lo que uno no es, hay que empezar a dejar de ser lo que uno es, pero más adelante agrega que lo importante es ser lo que uno es, ante todo... ¡Realmente, es para andar confundida! ¿No crees?

(Pamela observó que Carolina sonreía...)
—Sí. Es así. Para poder ser lo que uno no es, primero hay que lograr ser lo que uno es; para recién entonces dejar de ser aquello que se es; porque lo que nos sucede es que deseamos y pretendemos ser lo que no somos sin siquiera haber llegado, primeramente, a ser lo que realmente somos... ¡Y no se puede dejar o abandonar lo que no se tiene!

No nos conocemos aún, y sin conocernos ¿cómo podemos saber?

Ahora sí yo me estoy conociendo y a partir de ahí, decido lo mejor que quiero hacer, pensar y sentir; me puedo "abandonar", dejándome fluir. Puedo andar descabezada, y andar descabezada es mejor que andar queriendo cortarle la cabeza a medio mundo.

Además, sólo así podrás llegar a ser lo que debes ser.
—Mira, no entendí muy bien, pero me quedó la sensación de que tengo que dedicarme más a conocerme, a observarme, a ver qué hago, qué pienso y qué siento... Trataré de recordarlo.

137

Si somos (ser) positivos y nos sentimos bien interiormente,
disminuimos nuestro estrés.
Si hacemos (hacer) que nuestro estado de ánimo sea positivo,
tendremos más estrés.
Porque se trata de ser, para luego hacer, y no de hacer, para luego ser.
Es mejor lograr una mente silenciosa que una mente positiva.
Porque una mente silenciosa despierta nuestra farmacia interior.
No tener estrés es no hacer movimiento interno alguno.
Es estar expuesto a estímulos sin malgastar energía en ellos.
Sin involucrarnos en ellos, y sin cederles poder.
Si queremos conocer nuestra mente en el pasado,
examinemos nuestro cuerpo ahora.
Si queremos saber cómo vivirá nuestro cuerpo en el futuro,
examinemos nuestra mente ahora.
Nuestro cuerpo y mente somos nosotros, y son nuestra
propia creación.
Tenemos un cuerpo pensante, porque mente y cuerpo, son uno.
Tenemos una farmacia interior mejor
que un Laboratorio Internacional.
La Naturaleza cura y los médicos envían la factura.
No es lo mismo "natural" que "normal".
No es natural que envíen la factura, pero es normal.

138

Había una vez un rey, muy poderoso, que reinaba un país muy lejano. Era un buen rey, pero el monarca tenía un problema: tenía dos personalidades. Algunos días se levantaba exultante, eufórico, feliz, y desde la mañana esos días aparecían como maravillosos. Los jardines de su palacio le parecían más bellos, sus sirvientes, por algún extraño fenómeno, eran amables. En su desayuno confirmaba que se fabricaban en su reino las mejores harinas y se cosechaban los mejores frutos. Ésos eran días en que el rey rebajaba los impuestos, repartía riquezas, concedía favores y legislaba por la paz.

Durante esos días, el rey accedía a todos los pedidos de súbditos y amigos.

Sin embargo, había también otros días. Eran días negros. Desde la mañana se daba cuenta de que hubiera preferido dormir más, pero cuando lo notaba, ya era tarde y el sueño lo había abandonado. Por mucho esfuerzo que hacía, no podía comprender por qué sus sirvientes estaban de tan mal humor y ni siquiera lo atendían bien. El sol le molestaba todavía más que la lluvia; la comida estaba tibia y el café demasiado frío, lo que aumentaba su dolor de cabeza.

Durante esos días pensaba en los compromisos contraídos en otros tiempos y se asustaba pensando en cómo cumplirlos. Eran los días en que el rey aumentaba los impuestos, incautaba tierras, apresaba a sus opositores.

Temeroso por el futuro y el presente, perseguido por los errores del pasado, en esos días legislaba en contra de su pueblo y su palabra más usada era "No".

Consciente de los problemas que estos cambios de humor le ocasionaban, el rey llamó a todos los sabios, magos y asesores de su reino, a una reunión:

"Señores, ustedes conocen mis variaciones de ánimo. Todos se han beneficiado de mis euforias y han padecido mis enojos, pero el que más padece soy yo mismo, que cada vez deshago lo que hice, viéndolo de otra manera... Necesito que trabajéis juntos para conseguir el remedio a esto, sea brebaje o lo que fuere, algo que me impida ser absurdamente optimista y ridículamente pesimista."

Los sabios pensaron, y en las alquimias y en hierbas no encontraron la respuesta para el rey, por lo que le comunicaron del fracaso. Esa noche el rey lloró...

A la mañana siguiente un sencillo hombre de piel oscura y ropa gastada le pidió audiencia:

—Majestad, de donde vengo, se habla de tus males y de tu dolor. Soy artesano y vengo a traerte el remedio.

Y bajando la cabeza le acercó una cajita de cuero, que el rey sorprendido, abrió, encontrando dentro, un anillo plateado.

—Gracias. ¿Es un anillo mágico? —le preguntó el rey.

—Por cierto, pero su magia no actúa sólo por llevarlo en tu dedo. Cuando te levantes, deberás leer su inscripción y recordarla cada vez que veas tu anillo...

El rey tomó el anillo y leyó en voz alta:

—Todo esto también pasará...

139

Nos enamoramos en la primavera y nos deprimimos en invierno.
Efectos biológicos están en marcha. Luna y sol...
causan cambios rítmicos en nuestro cuerpo.
Tenemos mareas, porque hay un océano dentro de nosotros.
Somos un espejo, estructural, fisiológico y bioquímico,
reflejando la igualdad de la íntima relación con el universo.
Evitaríamos el noventa por ciento de las enfermedades,
cuidándonos en cómo pensamos, sentimos, actuamos, comemos.
La información es caótica; el conocimiento nos habilita,
pero la sabiduría es el conocimiento dentro de la totalidad.
Si aislamos de una planta su ingrediente activo,
extraemos la información y el conocimiento,
pero dejamos de lado a la sabiduría.
Y si se usa toda la planta, sus ingredientes inactivos también curan.
El círculo de noche y día, resultado del movimiento de la Tierra,
hace que nuestro cuerpo sufra intensas transformaciones
las venticuatro horas.
Nuestro ritmo biológico, refleja el ritmo del universo.

140

Había una vez, hace mucho tiempo, un hombre que había inventado el arte de producir fuego.

Con sus herramientas se dirigió hacia una tribu que residía en un lugar al norte, donde hacía mucho frío.

Les enseñó a los integrantes de la tribu a producir fuego, cosa que les interesó muchísimo. Les enseñó que el fuego era útil para varias cosas, como para cocinar, para calentarse uno mismo, etc., y ellos se manifestaron muy agradecidos con él, por haberles enseñado ese arte tan provechoso.

Antes de que pudieran expresarle su gratitud, el hombre ya se había retirado, pues a él no le interesaban los reconocimientos, sino el bienestar de la gente.

El buen hombre partió hacia otra tribu a la cual le enseñó su invento y allí también estuvieron muy interesados. En realidad, un poquito demasiado interesados para la paz mental de los sacerdotes que en ese lugar había, y quienes notaron que este hombrecito congregaba a la gente mientras ellos ¡no tenían tanta popularidad...! Fue entonces que decidieron eliminarlo.

Lo envenenaron, y luego lo crucificaron, pero como temían que la gente se volviera en contra de ellos, fueron muy prudentes y astutos: mandaron a hacer un retrato del hombre y lo pusieron sobre el altar principal del templo. Frente al retrato, pusieron los instrumentos para producir fuego, y luego les enseñaron a todos los integrantes de la tribu a reverenciar el retrato y a reverenciar a los instrumentos para el fuego, lo cual hicieron durante siglos...

La gente siguió la veneración, pero no tuvieron fuego...

141

—Te veo serio... —le dijo el joven a su amigo menor, que no dejaba de mirar el suelo. Como no respondió, siguió hablando:

—Pienso que la seriedad es una enfermedad y nuestro sentido del humor, parece que ha muerto...

Y en todos lados suceden tan variadas cosas, ¡que no debiera haber tiempo para estar serio y triste! La risa es tan sagrada como la oración, y si el hombre serio y triste no se transforma, es más factible hacerlo esclavo.

Reyes, políticos, y astutos sacerdotes, se esforzaron y se esfuerzan por hacer al hombre débil, enfermo y miserable.

Así, el hombre nunca podrá rebelarse...

¿Observaste la diferencia entre toros y bueyes?

Nacieron iguales, pero los bueyes han sido castrados y los puedes usar como esclavos, para acarrear carga, para arrastrar carretas.

No puedes usar toros, porque el toro es demasiado poderoso, tiene su propia individualidad; en cambio el buey es un eco lejano de su ser real sólo una sombra de lo que fue, pues fue destruido...

La diferencia entre sonreír y reír es la misma que la del toro y el buey. La risa es total y la sonrisa es sólo un ejercicio de los labios. La risa te devuelve energía y cada fibra de tu cuerpo se vuelve más viva, y cada célula comienza a bailar...

La seriedad no significa sinceridad: un hombre serio siempre está controlándose a sí mismo y un hombre sincero puede reírse sinceramente, puede bailar sinceramente, y puede alegrarse sinceramente. Parecería que la risa es para los niños, para los locos y para los primitivos, y parecería también que la seriedad y la autotortura es una enfermedad psicológica moderna...

El amigo seguía seriamente mirando el suelo.

142

- Las ausencias no hacen mella
  cuando el afecto permanece inalterable en el corazón.
- Para preservar la moral
  lo único necesario es recurrir a la propia conciencia,
  siempre que se tenga...
- Tras cada despertar, el espíritu abre sus alas, ansioso de altura,
  y su designio lo siente como una bella carga.
- Las aspiraciones elevadas se mantienen
  sin desalientos ni desmayos.
- Todos buscamos ser mejores y más perfectos,
  pero no pensamos que sólo es posible
  con la participación de nuestra propia voluntad...
- Al entender, se despierta la facultad de observar,
  que luego repercutirá en la facultad de razonar,
  que nos permitirá apreciar lo verdadero y lo falso.
- Afirmando el conocimiento esencial,
  se generan actividades de bien;
  entonces el espíritu actúa en armonía con el alma.
- La felicidad es nuestra meta, y creemos,
  que con ciertos emprendimientos, la conseguiremos.
  Pero ¿por qué no conseguirla en primer lugar,
  en vez de creer que son las cosas
  las que nos brindarán la felicidad?
- Lo conocido es lo pasado
  que nos ha encerrado dentro de una cierta realidad.
  Lo desconocido es donde deberíamos estar realizando,
  en cada momento, para que la vida pueda ser Vivida.

143

—Dime, Joaquín, ¿qué es el "ego", que tanto se menciona últimamente? ¿Es lo mismo que el egoísmo?
—No, no es lo mismo, pero tienen la misma raíz.
El ego, es como una fruta que, estando madura, puede caer, pero sólo estando madura puede caer. Por ejemplo, mi ego inmaduro no puede ser abandonado ni destruido por mi aún, porque al querer destruirlo ahora, ¡se hará más fuerte!
En Oriente las religiones proclaman la ausencia del ego, estando en contra de él. Entonces no madura y es casi imposible su disolución.
En Occidente todos quieren tener un ego fuerte, porque la vida es una lucha y alguien puede destruirte, con la competencia. En Occidente, es fácil disolverlo.
Veamos: primero se trata de ganarlo y después de perderlo, porque no puede perderse lo que no se tiene. Como también en el caso en que sólo se puede ser pobre si se es rico. Tener riquezas sin haber sido pobre no alcanza para ser rico. El rico puede tornarse pobre y transformarse en un mendigo y entonces esa pobreza es rica, porque tiene reino propio. Como el sabio, que sólo puede llegar a serlo si abandona todos sus muchos conocimientos, pero es necesario que antes los haya tenido y los haya vivido.
En Oriente, la gente integrada a la comunidad quiere ser religiosa, y la sociedad está encima del individuo.
En Occidente se cansan de sí mismos, buscan alguna forma de comunicarse con los demás, de acercarse al otro para olvidarse de sí mismos, y por eso los métodos solitarios e individuales existieron en Oriente, y los grupales tienen existencia y vigencia en Occidente.
En este final de siglo ya no hay Oriente u Occidente, hay un solo mundo, y se hará necesaria la síntesis del grupo y del individuo, entonces comencemos por la sociedad, pero lleguemos a nosotros mismos; tengamos vínculos, pero también estemos solos...
"Que los hombres mediten y amen...,
y que las mujeres amen y mediten..."

144

Luego de atender el teléfono, y cómodamente apoltronada, se escuchó decir a Carolina: "En mis manos tengo la revista de un diario que relata lo expresado por Bertrand Russell, el Premio Nobel de Literatura, en 1950, ¿quieres escuchar?"
–¡Bueno!
—He visto cuadros de iglesias europeas de la Edad Media y la función de la Muestra consistía en hacer que la gente sintiera miedo hacia el fuego del infierno y hacia las torturas que tendrían que sufrir allí. Sus descripciones eran tan auténticas que muchas mujeres se desmayaban en las iglesias, y el mejor Predicador era aquel que hacía desmayar a más personas, como si las religiones estuvieran basadas en la psicología del miedo, aumentado en nombre del infierno, y luego, de la codicia, aumentada en nombre del cielo... Además, decían:
"Aquellos que están disfrutando en la Tierra, irán al infierno."
Así es que el hombre, por pequeños placeres, por apenas setenta años de vida, tendría que sufrir el infierno por toda la eternidad", termina explicando B. Russell. Y la revista continúa:
Russell escribió un significativo libro, explicando los "porqué" de su renuncia a su religión.
Pasaron muchos años y el libro no ha sido aún respondido por ningún teólogo cristiano. Papas y grandes teólogos han permanecido en silencio y han condenado a Russell diciendo que irá al infierno; pero si es que hay un infierno, debe ser un lugar más sano que el cielo, porque en el cielo se encontrarían las criaturas torturándose a sí mismas, muy feas, y en el infierno, estarán los poetas, los artistas, las madres, Sócrates, Gautama, Einstein, grandes científicos, maestros y toda la gente que ha contribuido con la Vida, y que ha hecho de esta Tierra algo maravilloso... Los santos, ¿qué han aportado? Son personajes vanos, estériles, que han sido una carga, unos parásitos, succionando energía a pobres seres humanos. Han sido gobernantes que torturaron y enseñaron a torturarse, extendiendo esta enfermedad, y si la humanidad hoy parece triste, es mérito de los santos, que no están sanos, así es que si los encuentras por ahí, llévalos al hospital porque necesitan urgente tratamiento psiquiátrico...

145

- Tormentas, vientos, rayos y sismos son advertencias
para que el hombre no olvide su pequeñez
frente a la grandeza del Cosmos.
- Las ideas y los pensamientos, cuando gobiernan al hombre,
lo convierten en instrumento de sus designios,
ya sea para bien, como para mal.
- Cuando es el hombre quien domina su mente,
su futuro depende del uso que haga de sus pensamientos,
para lo cual elegirá siempre los mejores.
- La espada del saber, que cura las heridas en lugar de causarlas,
está blandiéndose por sobre los genios del mal,
y jamás podrá permanecer inerte, como vano adorno.
- Los hombres que dirigen los negocios de las naciones
han creído posible amalgamar lo imposible,
unir lo que no debe unirse: el mal con el bien,
la sensatez con la locura, la civilización con la barbarie.
- La mente puede ser ánfora de miel de sabiduría
cuando el hombre liba las flores de la verdad
que le iluminan su noche-mental, hasta despuntar el alba...
- Dios se manifiesta en todas las cosas,
y lo que importa es encauzar la mirada para descubrirlo
en donde quiera que se encuentre.
- No le exijamos a la vida más de lo que nos da.
Conduzcámosla dignamente, para que supere
el salario que nos prodiga.
- Estar en contacto con uno mismo es simplemente
ser espontáneo, poder meditar y ser consciente.

146

Había una vez una peluquería a la cual asistió, como de costumbre, un viejo cliente, que luego fue atendido por el dueño, el peluquero. Mientras le hacía el corte de pelo tradicional a su cliente, la conversación llevó al peluquero a decirle a su cliente, que él no creía en Dios:

"Simplemente no creo que exista Dios porque hay muchos enfermos, necesitados, niños abandonados, viejos con sufrimientos, drogadictos, ladrones, etc., y así, en esas condiciones, no me parece que pudiera existir un Dios..."

El viejo cliente no quiso responderle en ese momento, a pesar de que se quedó pensando en que una cosa son las condiciones y otra cosa es Dios, pero cuando terminó de cortarse el pelo y pagó lo correspondiente por la atención recibida, salió por la puerta principal, y vio a un hombre joven con barba y pelo largo, que observaba la vidriera de la peluquería. Entonces, con la puerta entre-abierta aún, se dirigió hacia el peluquero y le dijo:

"Los peluqueros no existen!" A lo que el dueño respondió:

"¿Cómo no? ¿Y yo quién soy?"

"Pero este hombre aquí, mirando la vidriera, tiene el pelo largo! Él no ha ido hacia usted; no lo ha encontrado aún, ¿acaso usted no existe...? Entonces Dios existe, y lo que sucede es que los enfermos, los necesitados, los ignorantes que aún no saben de su existencia, no han ido hacia él, no lo han encontrado todavía..."

A lo que el peluquero respondió:

"Hay una diferencia: el cartel de afuera, de propaganda de mi peluquería, está indicando que es acá; en cambio los avisos de propaganda que nos presentaron indicándonos dónde estaba Dios, eran falsos..., por lo que hoy, lamentablemente, Él no existe para nosotros...".

147

Por aquellas pequeñas callecitas de la ciudad provinciana, caminaba un hombre con mucho tiempo disponible. Se detenía algunos instantes en las vitrinas cuando de pronto le llamó la atención un local modesto en donde debió arrimarse bastante hacia el cristal para poder mirar dentro del oscuro escaparate. En su interior sólo se veía un atril con el siguiente cartelito: "Tienda de la Verdad." El hombre, sorprendido, pensó que era un nombre de fantasía, y no pudo imaginar qué vendían ahí...

Entró, se acercó a la señorita que estaba en el primer mostrador, y le preguntó: "¿Ésta es la tienda de la verdad?".

—Sí, señor, ¿qué tipo de verdad anda buscando? ¿Verdad parcial, verdad relativa, verdad estadística, verdad completa?"

—Así es que venden ¿verdad? Nunca me hubiera imaginado, ¡llevarme la verdad, sería algo maravilloso...! Estoy tan cansado de mentiras, de falsedades, de generalizaciones, de justificaciones, de engaños, de defraudaciones... ¡Quiero la verdad plena!

—Bien, señor, sígame. —Y la señorita lo acompañó, señalando a un vendedor de rostro adusto, quien se le acercó y esperó a que el hombre hablara.

—Vengo a comprar la verdad completa —expresó el hombre.

—Ah, perdón, ¿usted sabe el precio? —le dijo el vendedor.

—No, ¿cuál es? —respondió, no obstante dispuesto a pagar lo que fuera necesario por toda la verdad.

—Si usted se la lleva —dijo el vendedor— el precio es que usted nunca más podrá estar en paz...

Un frío le corrió por la espalda al hombre, y contestó:

—Gracias, disculpe entonces...

Salió del negocio, y se sintió triste de que todavía necesitaba algunas mentiras donde descansar, algunos mitos donde refugiarse, y algunas justificaciones para no encontrarse consigo mismo, y pensó: "Quizá, más adelante...".

148

- Nunca recordemos pasajes ingratos vividos por nuestros desaciertos.
  No retornemos al pasado, evocando imágenes tristes.
  Preparémonos para vivir inefables instantes de felicidad.

- Cuán bello es contemplar desde un ideal trascendente
  el rosado horizonte del amanecer de nuestro espíritu...

- La aptitud creadora de la mente es más fecunda
  cuanto más conocimientos iluminen su ejercicio,
  en pos de una emancipación espiritual
  que alcanzará las altas cumbres, desde donde contemplar
  los matices de la Creación.

- La primera inquietud del hombre con respecto al más allá
  despierta cuando su espíritu se manifiesta en él, fugazmente.

- El misterio de la llamada doble personalidad
  es la labor del espíritu contra las tendencias comunes del alma.

- El temperamento humano es inconstante
  porque le falta el valor de la continuidad,
  que simboliza la permanencia de lo eterno.

- Para poder conocer verdades profundas
  es necesario desprenderse de las mentiras
  y de lo que atente contra la libertad de conciencia.

- Se ha pretendido detener el proceso de los siglos
  y de mantener a una cultura moral que fenece,
  pero nos encontramos en vísperas de una nueva civilización.

- ¿Acaso con un solo paso llegas a destino,
  o en tu marcha tienes que volver a levantar el pie incontables veces?
  Avanza, no te distraigas, no te confundas,
  y separa lo que eres de aquello que absorbiste de los demás.

149

Dos amigos en un bar:

—Estoy preocupado. Mi mujer me crea límites y, para mí, los límites son una perturbación.

—En mi opinión, los límites, y también las fronteras, deberían desaparecer. Cuando la mujer le dice al marido, que acepta sólo una cosa de él, pero la otra no, ¿qué hace?

Crea una división en el otro.

El jardinero, trabaja con sus árboles, a quienes ayuda y protege, pero les da libertad para moverse bajo la lluvia, bajo tormentas, bajo el sol, y no lleva a los árboles adentro de su casa, porque adentro morirían. Nosotros nos hemos transformado en plantas de invernadero...

Por ejemplo, el ser padres o el ser madres es lo más difícil del mundo; es fácil dar a luz, pero ser madre, es muy difícil.

Ser padre es aún más difícil, porque ser madre es algo natural, y ser padre es algo social, algo creado, algo que no existe en la naturaleza, y cuando los hijos crezcan, podrán decir que sí o podrán decir que no. Maravillosas personas han dicho que no.

La naturaleza conserva esta proporción de ambos polos, como un gran milagro: la mitad tiende a decir que sí, y la otra mitad, a decir que no. El amor dice que sí y el conocimiento dice que no, existiendo una actividad armoniosa entre ambos...

¿No es acaso interesante este desafío...?

En mi opinión, si nos observamos, tú mismo, tu mujer y yo, en lo que hacemos, lo que pensamos y lo que sentimos, dejarían de existir los límites y las perturbaciones, porque si armonizamos esas tres observaciones, podremos escuchar la música que la Orquesta está tocando...

150

—Carolina, tú que has leído tantos libros y que también has echado a la basura tantos otros, ¿no te parece que hoy en día es muy fácil "resbalar", metafóricamente hablando? Me refiero a que andan tantos falsos profetas y "videntes" por todos lados, y muchas personas sienten la necesidad de creerles...

—Sí, y pienso que en parte se debe a que el mundo se está acercando más a lo espiritual y que hay más seres en la búsqueda, y entonces sucede lo que está sucediendo. El asunto es no caer en idolatrías, sino proyectarnos hacia nuestro autoconocimiento, que es, en realidad, donde encontraremos más claridad; pero tenemos la costumbre, la manía de buscar afuera lo que en realidad está dentro.

Pamela, un poco curiosa y otro poco porque ella misma está pasando por momentos de "creencia", continuó preguntando:

—¿Por qué razón caemos de una creencia en otra?

—Hoy es muy común "resbalarse y caer", cosa que ocurre por una natural, alteración provocada por el hombre mismo, y que se convierte en un bumerang, que se vuelve tarde o temprano en contra de él mismo. Las sectas, las organizaciones, las instituciones con fanatismo, los llamados "videntes", no sólo no ayudan sino que aprovechan ese "poder" que creen tener y que les es dado por sus seguidores para ejercerlo sobre quienes creen y son ingenuos, y el disparador de esas consecuencias está en el nivel mental, ya que las energías que el hombre está utilizando hasta hoy son las correspondientes a leyes tridimensionales y el DNA se alteró con el uso de distintas fuerzas, como el caso de la energía nuclear y de ciertos elementos químicos, que modificaron totalmente la vida de los aminoácidos del cuerpo. La vida endocrina sufrió las consecuencias, y el vigor del ser biológico cayó irremediablemente. Si no fuera por ello, la vida sobre la tierra sería más prolongada y más creativa, pero el DNA está limitado a las fronteras de la ley evolutiva.

Cuando la conciencia superior actúe en la nueva civilización, de la nueva raza, el hombre podrá considerarse apto para manifestar lo superior, lo divino, en este plano material... ¿Qué tal?"

151

- La energía espiritual da al mar revuelto
  la serenidad de los espejos de agua de las montañas,
  cambia el curso de los vientos y aquieta violentas tempestades.
- Las luchas endurecen el carácter, por eso es necesario
  procurarse momentos felices que lo endulcen.
- Que antes de salir de nuestro interior,
  las palabras lleven un objetivo,
  y que éste no varíe al ser pronunciadas, desvirtuándolo luego.
- El afán de una persona que quiere superarse
  consiste en ubicar, cada vez que le sea posible,
  un conocimiento nuevo a la conciencia.
- La propuesta es que nos responsabilicemos
  y nos hagamos cargo de nosotros mismos
  para terminar siendo para siempre dueños de nuestras vidas...
- En la espiral de la ascensión, el silencio despierta
  en cada nivel del ser, recorriéndolo y retirando obstáculos.
- Pasamos generalmente por alto aquello que buscamos
  porque no viene "vestido" como lo pretendemos...
- Si en las cavernas del corazón se vuelve perceptible la luz de la vida,
  ¿de qué vale entonces buscarla en las arenas del desierto de la mente?
- Cada vez que nuestra mente no está alineada con lo que sentimos
  estamos en problemas.
- Las plantas detienen o modifican su crecimiento
  cuando las macetas comprimen sus raíces.
- En una pequeña barca, en un mar tempestuoso,
  si izas bien las velas, el viento te conducirá.

152

Había una vez un campesino dueño de un pequeño campo en el que cultivaba cereales. También poseía una huerta donde la esposa plantaba y cuidaba aquellas hortalizas que ayudaban al magro presupuesto familiar. Un día, mientras trabajaba su tierra empujando su rudimentario arado, vio entre los terrones algo que brillaba intensamente. Desconfiado, se acercó y lo levantó. Se sorprendió del brillo y comprendió que se trataba de una piedra preciosa y que debía tener un enorme valor. Por un momento, su cabeza vagó soñando con todo lo que podía hacer si vendía aquel brillante, pero pensó que era un regalo del cielo, y que él debía cuidarlo y usarlo solamente en un caso de emergencia.

Volvió a su casa llevando consigo al diamante y cuando anocheció salió al jardín, hizo un pozo en la tierra, al lado de los tomates, y lo enterró allí. Para no olvidar donde estaba enterrada la piedra preciosa, puso sobre el lugar, una roca amarillenta que encontró.

A la mañana siguiente, le mostró la roca a la esposa y le pidió que no la moviera del lugar "Es una piedra muy especial y mientras esté en este lugar tendremos suerte". La esposa no discutió y se las arregló para acomodar sus plantines. El matrimonio tenía dos hijos. Una mañana, cuando la hija salía para el colegio, se acercó a los tomates y acarició la roca amarillenta. En la escuela, el examen lo dio muy bien y la niña confirmó los poderes de la piedra. Esa tarde, cuando volvió a la casa, trajo otra piedra amarillenta similar, y la colocó al lado de la anterior, pensando: "Si una piedra trae suerte, dos traerán más." A partir de ese día cuando la niña encontraba una piedra parecida, la acercaba a las anteriores. También la madre comenzó a apilar otras, junto a las de su hija. Un día, el hijo preguntó: "Papá, por qué las piedras amarillentas traen suerte?" "Mira, hijo, hasta ahora no te lo conté, y nadie lo sabe, pero hoy estás en condiciones de saberlo: esas piedras son para marcar un lugar en donde está enterrado un valioso diamante que es el tesoro de la familia, y así como yo comparto el secreto contigo, cuando tengas un hijo, deberás informarle, ¿sí?"

"Confía en mi, papá..." Durante años, en ese lugar, adoraron las piedras, hasta que el secreto, se perdió, quizá porque un padre murió súbitamente. Y de ahí en más, siguieron creyendo en el valor de las piedras sin conocer el valor escondido..."

153

Hacía pocas horas que se había celebrado la llegada del Año Nuevo. Paula y Joaquín quedaron en encontrarse en el café de costumbre para saludarse y contarse cómo habían pasado la celebración:
—¿Viste y escuchaste los fuegos artificiales el 31, en la costanera?" —preguntó Paula a su amigo.
—No, no fuimos esta vez —dijo Joaquín, —pero desde nuestra casa escuchamos, y nos llamó la atención la potencia del ruido. Era más fuerte que el año pasado, demasiado fuerte...
¿Pensaste alguna vez por qué en todo el mundo, en todas las culturas, en toda sociedad, hay unos días marcados en el año destinados a alguna celebración?
A mi entender, son una compensación, ya que la "sociedad" ha impedido toda celebración natural de nuestras vidas, y si no nos da nada en compensación, nuestras existencias puede volverse una amenaza para la cultura. Es para que no nos perdamos en la desgracia y en la tristeza. Pero estas compensaciones son falsas. Esos fuegos artificiales y esas luces exteriores no pueden alegrarnos.
En cambio, en tu propio mundo interior puede haber una continuidad de alegrías, de canciones y de luces, y la sociedad no tendría la necesidad de compensar y de temer por sentir que las partes reprimidas pueden explotar desencadenando alguna situación peligrosa...
Paula, mostrándose bastante interesada, dijo:
—Claro, las verdaderas celebraciones deberían surgir de nuestras vidas ¡y no depender del calendario! Porque una vez que pasa ese día, uno vuelve al lugar infeliz de las ansiedades...
—Exactamente y nuestra vida debería ser una continua celebración, un festival de luces todo el año, y sólo así podríamos crecer bien, florecer, transformando las cosas pequeñas en diaria celebración.
Estamos viviendo inconscientes, y si todo lo que hacemos fuese una expresión de nosotros mismos, no esperaríamos nada de afuera, y nuestras vidas se transformarían en una hermosa canción.

154

- Existen tres "mundos":
  el quimérico, de las ilusiones e irrealidades;
  el físico, hecho para las necesidades humanas y
  para extraer de las experiencias los valiosos elementos
  para utilizar en el mundo metafísico,
  siendo éste el de la realidad universal.
  Materia y espíritu se consustancian ambos
  en la vida de los hombres.

- La felicidad no es, ni puede ser el constante disfrute del placer,
  ni tampoco la permanencia de la dicha,
  sino el retener con gratitud, todos los momentos vividos.

- La ignorancia es la planta de la muerte que esteriliza la vida,
  siendo sus frutos amargos para el alma
  y sus flores tristes para el corazón.

- La vida debemos vivirla tratando de ampliarla
  y de enriquecerla, y no de empobrecerla.

- Se dice que el saber no hace feliz ni satisface las necesidades,
  pero eso es cuando se trata del saber intelectual y no del esencial.

- Cuando el ser humano piensa conscientemente
  siente el palpitar de la vida dentro de él.
  Si no, anda por el mundo como una sombra autómata.
  Si el ojo no se bloquea, hay visión;
  si la mente no se bloquea, hay sabiduría;
  y si el espíritu no se bloquea, hay amor...
  El verdadero amor es querer ayudar a otro
  para que sea quien es...

155

Había una vez un barcito de "mala muerte", en un turbio barrio de la ciudad, cuyo sórdido ambiente parecía de la serie negra de las novelas policiales. Un pianista alcoholizado y ojeroso golpeaba un "blues" aburrido, en un rincón apenas visible por el humo apestoso y la poca luz.

De pronto, se abrió la puerta de una patada; el pianista cesó de tocar y las miradas se dirigieron hacia la puerta.

Una especie de gigante lleno de músculos, con tatuajes en sus brazos y una terrible cicatriz en la mejilla, con una voz que helaba la sangre, gritó:

¡¿Quién es Peter?!

Un denso y terrorífico silencio se instaló en el bar.

El gigante avanzó dos pasos, agarró una silla y la arrojó contra el espejo. ¡¿Quién es Peter?!, volvió a gritar.

De una mesa lateral, un pequeño hombrecito con anteojos, corrió su silla y, sin hacer ruido, caminó hacia el gigante, y con voz casi inaudible susurró: "Yo..., yo soy Peter...".

—¡Así es que eres Peter! ¡YO SOY JACK! y con una sola mano lo levantó por el aire y lo arrojó contra el espejo.

Lo levantó, le pegó dos cachetadas que parecían que iban a arrancarle la cabeza, y después le aplastó los anteojos, le destrozó la ropa, lo tiró al piso y le saltó sobre el estómago. Un pequeño hilo de sangre empezó a brotar de la comisura de la boca del hombrecito que quedó semi-inconsciente.

El gigante se acercó a la puerta de salida, y antes de irse gritó:

—¡¡¡Nadie se burla de mí, NADIE!!! —y se fue.

Tres hombres se acercaron a la víctima con un vaso de whisky. El hombrecito se limpió la boca y empezó a reír.

La gente pensó que los golpes lo habían dejado loco, pero él, riéndose aún más, les dijo: "Yo sí me burlé de ese estúpido, y delante de todos ustedes! ¡Yo no soy Peter! ¡Ja, Ja, Ja...!"

156

Pamela llamó a su amiga por teléfono:
—Carolina, ¿quieres que esta noche salgamos juntas a cenar?
—Bueno... —dijo Carolina contenta. Ambas disfrutaron de una alegre cena mientras dialogaron sobre el clásico tema de "cómo ser feliz". Con no pocas dudas, Pamela preguntó:
—Mira que eso de ser feliz es un mito..., yo me pregunto si podrá ser realidad alguna vez. Una querida amiga acaba de perder a su esposo y está sufriendo, ¿podrá ella ser feliz?"
Carolina muy decidida le respondió:
—Claro que puede; la felicidad puede incluir a la tristeza natural.
Con solo ver las bellezas que nos rodean, ellas nos hacen sentir agradecidas, y eso nos re—liga, con ser feliz...
En general, la gente se religa o se vuelve religiosa porque se siente desgraciada, y así lo está haciendo por razones equivocadas y si el principio es equivocado, el final no puede ser correcto. ¿No viste que los templos están llenos de personas infelices, desgraciadas, que no tienen interés en Dios, ni les importa la verdad? No se preguntan nada, no cuestionan nada, están sólo para ser consoladas y reconfortadas; buscan parches a sus vidas para ocultar heridas; para encubrir desgracias, buscan satisfacciones falsas. Un templo, debe ser de alegría, de creatividad, de danza, de amor, de vida, no importando las reglas de conducta, de moralidad, ya que de ese modo cualquiera las cumpliría. Cuando algo surge del propio interno, es tan simple como el respirar, y no necesitamos cumplir requisitos, siendo únicamente necesario tener respeto por uno mismo.
—Me parece que de hoy en adelante no me tomaré más en serio los sufrimientos ni las miserias.
—¡Qué bueno!, porque sin la seriedad, podremos pasar por el sufrimiento, bailando y cantando en feliz celebración...

157

- Nuestra vida es un diez por ciento de todo lo que hacemos, y un noventa por ciento de cómo la tomamos.
- Los hombres entramos en la multitud, y ahogamos el clamor de nuestro silencio.
- La felicidad es compañera inseparable del sufrimiento. Cuando ella aparece, él espera su turno.
- Las sensaciones del alma se despiertan cuando el instinto comienza a ceder su imperio al espíritu.
- Si la vida nos lleva por aguas turbulentas no es para ahogarnos, sino para limpiarnos...
- La naturaleza de la lluvia es siempre la misma, hace crecer espinas en un pantano, como también flores en un jardín...
- No podemos ser lo que no somos, ni tampoco dar lo que no tenemos.
- No hagamos la caridad "a la buena de dios", hagámosla sabiendo que para Dios es buena.
- La armonía y la energía tienen su residencia en el movimiento y la actividad.
- A la conciencia la encerramos en el calabozo de la personalidad para que no nos moleste su voz de libertad.
- Si vivimos para servir, servimos para vivir.
- Separarse no es otra cosa que pararse en sí, y responsabilidad no es otra cosa que habilidad de responder.

158

Los mismos viejos amigos, en el mismo viejo bar...:
—No soporto que me mientan! —le dijo uno al otro.
—¿Que TE mientan o que mientan? Porque si te dicen algo que no es verdad, confundimos el no decir la verdad con el mentir, ¿no?
Decir la verdad o no es independiente del hecho de mentir.
Por ejemplo, hace unos años, cuando apareció el detector de mentiras, los abogados y los estudiosos de la conducta humana estuvieron fascinados.
El aparato detectaba las variaciones fisiológicas de la sudoración, de las contracturas musculares, de las variaciones en el pulso, los temblores y los movimientos oculares.
Un día, un abogado trasladó la máquina al hospital psiquiátrico y sentó frente a ella a un internado, llamado Jones, quien era psicótico, y como parte de su delirio, aseguraba que era Napoleón Bonaparte. Jones conocía la historia y enunciaba con exactitud y en primera persona hasta los pequeños detalles de la vida de Napoleón, en secuencia lógica y coherente.
Luego de la rutina de calibración de la máquina, se le preguntó a Jones:
—¿Usted es Napoleón Bonaparte?
El paciente pensó un instante, y después contestó:
—No, ¡¿cómo se le ocurre?! ¡Yo soy Jack Jones!
Todos se sonrieron, salvo el operador del detector, que informó que el señor Jones MINTIÓ, porque la máquina demostró, que cuando el paciente dijo la verdad, o sea que era Jones, estaba mintiendo, pues él creía que era Napoleón!

159

Había una vez un rey a quien la vanidad lo había vuelto medio loco. Mandó construir en los jardines de su palacio un templo, y dentro del templo, hizo poner una gran estatua de sí mismo, en posición de loto. Todas las mañanas después del desayuno, el rey iba a su templo y se postraba ante su imagen, orándose a sí mismo.

Un día, decidió que una religión que tuviera un solo seguidor no era una gran religión, así es que pensó que debía tener más adoradores.

Decretó entonces que todos los soldados de la guardia real se postrasen ante la estatua, por lo menos una vez al día. Lo mismo debían hacer todos los servidores y los ministros del reino.

Su locura crecía a medida que pasaba el tiempo, y no conforme con la sumisión de los que lo rodeaban, dispuso un día que la guardia real fuera al mercado y trajera a las tres primeras personas con las que se cruzaran. Pensó: "Con ellas demostraré la fuerza de la fe en mí, les pediré que se inclinen ante mi imagen, y si son sabios, lo harán, y si no, no merecen vivir." La guardia fue al mercado, trajo a un intelectual, a un sacerdote y a un mendigo, que eran en efecto las tres primeras personas encontradas. Fueron conducidas al templo, y el rey les dijo:

"Ésta es la imagen del único y verdadero Dios. Postraos ante ella o vuestras vidas serán ofrecidas como sacrificio ante él."

El intelectual dijo: "El rey está loco y me matará si no me inclino... Nadie podría juzgar mal mi actitud, ya que fue hecha sin convicción pero para salvar mi vida", y se postró ante la imagen.

El sacerdote dijo: "El rey ha enloquecido, cumplirá su amenaza, así es que me arrodillaré pero frente al único y verdadero Dios, sin importarme esta imagen." El mendigo no hacía ningún movimiento por lo que el rey dijo: "¡Arrodíllate!".

—Majestad, yo no me debo al pueblo, que mayormente me echa a patadas de los umbrales de sus casas; no soy elegido de nadie, salvo de los piojos en mi cabeza; no sé juzgar ni santificar, y en cuanto a mi vida, no sé si es un bien tan preciado como para hacer ridiculeces con el fin de conservarla, por lo que no encuentro razón para arrodillarme.

160

- El amor es fuente de luz porque es dueño del sol;
  el miedo es noche oscura porque es cómplice de las tinieblas.
- Muchos actuamos en contra de la propia conciencia
  porque ello agrada a una sociedad que degrada.
- Digamos la verdad con energía pero no con violencia.
- No deberían valer más los prejuicios que la dignidad.
  Sin embargo, el sabio no desprecia a nada y a nadie,
  porque todo es importante para su evolución.
- El rosal, a pesar de sus espinas, ofrece al hombre
  la belleza y el perfume de sus rosas;
  y el hombre, a pesar de sus defectos, ofrece al mundo
  la belleza de sus obras y el perfume de su humildad.
- La vida es una tela incolora que cada cual pinta,
  a gusto de su temperamento y con las tintas de su imaginación.
- El pensamiento debe orientar hacia la acción,
  y no substituirla.
- Quienes viven en el mundo de la fantasía
  sustituyen la acción por la imaginación.
- Siempre esperamos de los demás,
  pero no estamos dispuestos a hacer
  lo que los demás esperan de nosotros...
- Por la vía del amor, el hombre y la mujer se completan,
  pero jamás se identifican.
- El amor es una lámpara mágica que tenemos en el corazón
  y que a veces colocamos a los pies de algún ídolo de barro.

161

En un lindo reencuentro, después de haber pasado un tiempo sin reunirse por causa de muchos estudios y exámenes, los jóvenes salieron a pasear nuevamente con sus bicicletas, muy contentos. Cuando ya estaban bastante cansados, decidieron descansar, y lo hicieron justamente pasando las carpas de un circo que se emplazaba en las afueras de la ciudad. El mayor de los dos, dijo:

—Recuerdo que, cuando yo era pequeño, presencié una función de circo en donde el elefante hizo una gran demostración de fuerza. Cuando terminó su actuación, lo llevaron afuera y le pusieron una cadena alrededor de la pata, que yo vi atada a una simple estaca en la tierra.

Entonces me pregunté cómo con semejante fuerza ¡no se soltaba de esa estaca! Y me explicaron después, que el elefante, desde chiquito, cada vez que quería soltarse, de tanto tirar y tironear, quedaba totalmente agotado, hasta que le llegó el terrible día en que aceptó su impotencia y resignó su libertad...

Hoy cree, pobre elefante, poderoso como es, que no podrá soltarse y ser libre, no intentando su fuerza, otra vez...

—Es interesante lo que me relatas, porque muchos problemas los traemos desde chicos. Por ejemplo, nos inculcaron que sentirnos con fuerza, con energías, era tener proyectos, deseos, esperanzas, objetivos, y equivocamos el camino, en lugar de encontrar la fuerza en la libertad y en la creatividad.

—Sí, aún seguimos obedeciendo a ciertas ideas, en lugar de probar nuestra propia fuerza, libre y natural.

162

Siempre le gustaron los enigmas, crucigramas y acertijos. Había usado gran parte de su vida y su cerebro en resolver problemas que otros habían inventado. Por supuesto que no era infalible, pasaron por sus manos muchos acertijos que eran demasiado complicados. Aparecían preguntas imposibles, caminos cerrados, símbolos intrincados y planteos imprevisibles.

León había descubierto hacía tiempo su actitud exitista frente a la vida. ¿Sería por eso que los enigmas empezaban a aburrirlo?

El caso es que abandonaba el problema criticando en lo profundo del subconsciente al estúpido hacedor del problema. Pensó en crear su propio acertijo, y su gran obra fue el laberinto. En el fondo de su enorme casa, empezó, los días de sol y de paz, a levantar paredes, ladrillo por ladrillo, para armar un laberinto.

Pasaron los años, todo era compartido con amigos, revistas especializadas y algún diario, pero el laberinto no se publicaba, crecía en el fondo de la casa. León lo complicaba más y más y casi sin darse cuenta el laberinto tenía más caminos sin salida...

Veinte años después, empezó a incluirse dentro de su casa y para ir del dormitorio al baño, había que dar muchas vueltas e inclinar el cuerpo, y su casa se fue transformando en un gran laberinto, a su medida.

Desde entonces invitó a mucha gente a su casa-laberinto pero aun los más interesados terminaban aburriéndose, y le decían: "No se puede vivir así". León no aguantó su soledad eterna, y se mudó a una casa sin laberintos donde recibió sin problemas a la gente; sin embargo, cada vez que conocía a alguien que le parecía lúcido, lo llevaba a su verdadero lugar. Como el aviador de "El Principito", con sus dibujos de boas cerradas, así León abría su laberinto, para los merecedores de tal distinción... Nunca alguien quiso vivir con él en ese lugar.

163

- La alegría es una flor rara, que sólo crece
  en los jardines en donde se la siembra...
- Hombre y mujer son diferentes y complementarios,
  y juntos en sentimiento de unidad, pueden sentir totalidad.
- Hay un constante intercambio entre los hombres:
  cada uno recibe de todos y todos reciben de cada uno.
- Haríamos mucho mejor si nada dijéramos,
  y diríamos mucho más si más realizáramos.
- Las personas ocupadas son las más disponibles
  y los indolentes no tienen tiempo para nada.
- La sola presencia de un ser querido es consuelo para quien sufre.
- Con el alma vacía de odio y el corazón libre de ansiedad
  tenemos todos los medios para poder vivir en paz.
- Aunque desfiguren nuestras intenciones,
  no sucumbamos jamás en el camino del bien.
- La conciencia, para hablarnos,
  necesita de silencio y de recogimiento.
- La alegría compartida se multiplica,
  y el dolor compartido se divide.
- Exponernos a riesgos
  debería ser uno de nuestros principales fundamentos,
  y cuando las cosas se acomoden, desacomodarlas.
- Limpiemos el pizarrón
  y dejemos que la vida pinte el cuadro.

164

—¿Cómo era eso de fluir y de sentir el existir?
—A la naturaleza le encanta esconderse...
El amor es como un pájaro rebelde: cuando crees que lo tienes, se te escapó, y cuando está volando, llega y se posa sobre ti...
La existencia, no tiene lenguaje, y si dependemos de un lenguaje, no podremos comunicarnos con ella. Ella puede ser vivida, pero no pensada. Ella muestra, pero no dice. No podemos acercarnos a ella a través de la mente, pues el pensamiento es una barrera, un mundo privado que nos pertenece y nos deja encerrados. Si no pensamos, dejamos de estar encerrados, nos abrimos, y la existencia fluye dentro de nosotros, y nosotros fluimos dentro de ella.

Escuchar, significa estar abiertos y receptivos, y si podemos escuchar, la naturaleza nos habla sin lenguaje: una flor nos dice muchas cosas, pero sin palabras, y cuando veamos una flor, tratemos también de ser esa flor. Cuando nos bañemos en un río, tratemos de ser ese río, y entonces recibiremos señales, y en lugar de una comunicación, habrá una comunión.

—Entonces esa idea de que nosotros tenemos que ser superiores, personas especiales, ¿nos crea más problemas?
—Así es, no debemos ser nada y entonces se produce esa comunión, de lo religado, de lo religioso...

Pero el hombre, durante siglos, ha tratado de vivir ajeno a la existencia, cosa que es imposible, por la misma naturaleza.

No podemos ser independientes ni tampoco dependientes, pues la existencia es interdependiente. Todo depende de todo, y nadie está por arriba o por debajo de los demás, pues la existencia es una historia de amor eterno...

165

Había una vez, en épocas lejanas, una mujer cuyo hijo único hubo de morir. Incapaz de soportar la idea de no volver a verlo, la mujer dejó el cadáver de su hijo en su cama, y durante muchos días lloró y lloró, implorando a los dioses, que le permitieran morir a su vez. Como no encontró consuelo, empezó a buscar, de una persona en otra, alguna medicina que la ayudara a seguir viviendo sin su hijo o que la ayudara a morir como él.

Le dijeron que había un Maestro que podría tener la medicina. La mujer emprendió viaje especialmente y fue a verlo, le rindió homenaje y lo consultó:

—¿Puedes preparar una medicina que sane este dolor mío o que me mate para no sentirlo?"

El Maestro le contestó:

—Conozco esa medicina, pero para prepararla necesito que me traigas ciertos ingredientes.

—¿Qué ingredientes? —preguntó la mujer.

—El más importante es un vaso de vino casero —dijo él...

—Ya mismo lo traigo —le respondió la mujer, pero antes de que se marchara, el Maestro añadió:

—Necesito que el vino provenga de un hogar donde no haya muerto ningún niño, cónyuge, padre o sirviente...

La mujer asintió, y sin perder tiempo, recorrió el pueblo casa por casa, pidiendo el vino. En cada una de las casas que visitaba sucedía lo mismo. Todos estaban dispuestos a regalarle el vino, pero al preguntar si había muerto alguien, ella encontró que todos los hogares habían sido visitados por la muerte.

En una vivienda había muerto una hija, en otra, un sirviente, en otras el marido, o uno de los padres. No pudo hallar un hogar donde no se hubiera experimentado el sufrimiento de la muerte.

Al darse cuenta de que no estaba sola en su dolor, se desprendió del cuerpo de su hijo, visitó al Maestro arrodillándose, y le dijo:

"Gracias..., ahora comprendí...".

166

- Ser impredecibles y cambiantes permite que la vida sea disfrutada. El día en que dejemos de cambiar, sutilmente habremos muerto.
- Si no podemos conquistar la felicidad, por lo menos seamos cada día un poco menos infelices.
- Para que alguien pueda infundirnos ideas erradas, necesita de nuestro consentimiento.
- El niño mira el espejo para verse a sí mismo. El adulto mira por la ventana, para ver a los demás.
- En la manera de enfrentar las dificultades muestra el hombre su verdadero valor.
- Mira a los animales: sin tensiones, en armonía, no forman partidos para revolucionar, ni para ser virtuosos o religiosos, ni se interesan por las ideas humanas...
- La calumnia empaña el brillo de la virtud por un tiempo, pero la calumnia desaparece y la virtud vuelve a aparecer.
- Los malos pueden vencer en la vida, pero los buenos siempre vencen en la muerte.
- Para tener adentro de uno mucho hay dos maneras: sintonizándonos con el universo, las estrellas y las flores, o llenándonos de todo tipo de basura...
- La mejor ayuda hacia otro se da buscando la fuerza en uno mismo.
- Quien no advierta la luz del sol todos los días, estará dormido y a oscuras, aunque crea estar despierto e iluminado.

167

Había una vez dos monjes, que regresaban juntos al monasterio, y antes de llegar, debían cruzar un pequeño río, que sin embargo tenía una grande y fuerte correntada, ya que se trataba de un lugar montañoso. A la orilla de ese río se encontraba sentada, una muchacha joven y hermosa, que esperaba que alguien la ayudara a cruzar, pues temía la fuerte correntada. Cuando los monjes llegaron al río, la joven le preguntó al que caminaba delante, que era el más anciano de los dos, si podría ayudarla a cruzar el río, sosteniéndola de la mano ya que sentía miedo porque ese lugar era muy profundo. El anciano la miró, luego cerró los ojos y continuó caminando sin responder. Cuando llegó el segundo monje, el más joven, y ya que el sol estaba por ocultarse, la joven le pidió que por favor la ayudara a cruzar el río pues tenía miedo de la corriente de ese día y ella debía cruzar.

El joven monje le contestó: "Sí, es bastante profundo, yo lo sé, y hoy está peligrosa la correntada. Será mejor que te subas a mi espalda y yo te llevaré hasta el otro lado...".

Cuando los monjes regresaron al monasterio, el más anciano, muy enojado le dijo a su compañero:

"Has cometido un pecado, deberé informarlo, pues no sólo la tocaste sino que la llevaste sobre tus espaldas, y serás expulsado de la comunidad. No mereces ser un monje".

El joven sonrió y le respondió al monje viejo:

"Yo dejé a la muchacha en el suelo hace tres kilómetros atrás, pero tú, la sigues llevando sobre tus espaldas, preocupado por el hecho. ¿Qué te ocurre? ¿Sientes celos o estás lleno de sexualidad? No luches contra ello pero toma conciencia de que eso existe en ti. Luego verás que ante la claridad, la oscuridad desaparece.

"Tu ego social quedó adherido en ti, y seguirá siendo la causa de tu sufrimiento..."

168

—Carolina, ahora que estamos en la edad de las "viejas", sin ser viejas internamente te parece acertada aquella frase que dice: "El drama de la vejez no es ser vieja, sino haber sido joven?".

—Sí, en realidad, deberíamos sentir todos, siempre, esa juventud dentro nuestro, y también sentir nuestra niñez.

Un niño, nace fresco, sin pasado, sin personalidad, sin "yo" o ego, y es hermoso...
Luego se lo educa, se lo premia, se lo castiga,
se lo aprecia y se lo condena, formando con ello, su yo.
Un viejo, en cambio, es desagradable,
pero no por su edad, sino por tener demasiado pasado,
demasiado yo... pero ese viejo puede llegar a ser hermoso,
como el niño, si se desprende de su yo.
Y esa segunda infancia, ese renacimiento, es eterno,
por pertenecer al espíritu, y entonces; jamás será viejo...!
Así es que el juego es el siguiente:
En la primera etapa, hasta los cuatro años, somos esencia.
Luego, necesitamos una personalidad, un "yo", para que, justamente, a través de él, o incluso con él, podamos,
en una tercera etapa, desprendernos libre y enteramente de él, para llegar a ser eternamente esencia...
¿Qué te parece?

—¿Y se puede saber para qué tanto trabajo? —exclamó Pamela.

—Porque éste es el curso que aún tenemos pendiente en esta Escuela de la Vida, en la que estamos todos juntos, semejantes, tú, yo, y todos nuestros compañeros de Grado...

—Ahora entiendo por qué el aforismo del cual hablábamos se refería al drama, de la vejez...

169

- Las flores son hermosas. ¿Y las espinas? Son parte de la existencia de las flores; tienen una función y un significado, pero nosotros dividimos: flores lindas y espinas feas. En un árbol no hay división, todo es necesario y aceptado, y siempre con algún significado.
- Por más sabios que seamos, tendremos siempre algo que aprender, y por más que nos perfeccionemos, tendremos siempre que ascender.
- El movimiento de liberación de la mujer no es sólo para ella: también es liberación para el hombre. Ambos se liberan.
- La ambición es un camino traicionero:
 descendemos pensando que ascendemos.
- A veces sabemos muy bien lo que los otros son,
 pero ignoramos, al mismo tiempo, lo que nosotros somos.
- Una piedra no necesita ser protegida, en cambio una rosa sí, tan viva, tan hermosa, tan atractiva, tan llena de color, esa fuerza, es la que invita al peligro...
- Lo que está más alto es vulnerable. La raíz del árbol es resistente. Las flores son vulnerables, una ligera brisa puede destruirlas. El odio es fuerte y el amor es como la flor...
- Cuando el observador es lo observado,
 es porque alguien ha llegado.
- Mejor es elegir el camino que indica el corazón,
 porque él nunca se equivoca.
- Es absolutamente imposible para un santo ser pícaro,
 pero un pícaro sí puede ser un santo...

170

Una vez, un señor le pidió a su vecino una olla prestada. El vecino no era muy solidario, pero se sintió obligado a prestarla. Después de cuatro días fue a pedirla con la excusa de necesitarla. El señor le explicó que iba a devolvérsela, pero que el parto había sido difícil...

"¿Qué parto?", le preguntó el vecino.

"El de la olla, que estaba embarazada. Esa misma noche tuvo familia, así es que debió hacer reposo, pero un momento por favor...", y desde su casa trajo una olla, un jarrito y una sartén.

"Esto no es mío, sólo la olla", dijo el vecino.

"No, es suyo... Es la cría de la olla, que es suya... "

"Este hombre está totalmente loco, pero será mejor que le siga la corriente", pensó, y regresó a su casa con las tres cosas; pero esa misma tarde, el señor le tocó el timbre nuevamente, pidiéndole un destornillador y una pinza. Sintiéndose obligado, se las prestó. Pasó una semana, y cuando ya tenía planeado ir a recuperar sus herramientas, suena el timbre:

"Vecino, usted sabía que el destornillador y la pinza son pareja? Fue un descuido mío..., los dejé solos, y él embarazó a la pinza. Acá traje la cría: tornillos, tuercas y clavos".

"Éste está totalmente loco... Bueno, clavos y tornillos siempre vienen bien...", pensó el vecino. Pasaron dos días y el señor pedigüeño apareció nuevamente y le dijo:

"El otro día noté cuando traje la pinza que sobre su mesa usted tiene una ánfora de oro. Tengo visitas y quisiera pedírsela por una noche." El dueño del ánfora entró a buscarla y se la prestó. Luego de una semana de ansiedad, el vecino fue a reclamarla recibiendo la siguiente respuesta:

"No se enteró que estaba embarazada y que murió en el parto?"

"Escúcheme una cosa: ¿usted cree que yo soy estúpido? ¿Cómo va a estar embarazada una ánfora de oro?"

"Mire vecino, si usted aceptó el parto de la olla, el casamiento y la cría del destornillador, dígame ¿por qué no habría de aceptar el embarazo y la muerte del ánfora?"

171

Cuentan que un día, llegó al Correo una carta muy especial dirigida a Dios, y el empleado que clasificaba la correspondencia se sorprendió y leyó el remitente:

"Pucho. Casita verde, calle sin nombre, Villa Sur, sin número."

Curioso, abrió la carta y leyó:

"Querido Dios: nunca supe si era cierto que existías o no, pero si existes esta carta te va a llegar; estoy sin trabajo, me van a sacar de la casita donde vivo porque no pago, mis hijos no tienen para comer y el menor está con fiebre y debe tomar remedios. Me da vergüenza pedirte, pero te ruego me mandes cien pesos; estoy desesperado y si me mandas la plata nunca me voy a olvidar de ti y le diré a mis hijos que existes. Pucho."

El empleado del Correo sintió una tremenda congoja y una ternura infinita, por lo que metió la mano al bolsillo, donde encontró 5 pesos.

Recorrió la oficina con la carta en la mano, pidiéndole a los compañeros que dieran lo que pudieran y cada empleado, conmovido, dio algo. En total juntaron 75 pesos.

El hombre pensó que esperar a la otra semana para juntar los 25 pesos que faltaban hacía peligrar la salud del niño, por lo que decidió mandar lo que habían juntado, es decir los 75 pesos.

Los puso en un sobre, anotó bien el domicilio y se lo dio al cartero que correspondía, y que ya conocía la situación.

Tres días más tarde llegó al Correo, una nueva carta dirigida a Dios:

"Querido Dios yo sabía que no fallarías; quiero que sepas que en cuanto llegó el dinero compre los remedios y ya Cachito está fuera de peligro; les di de comer a mis hijos y pagué parte de la deuda de la casita, y ya me confirmaron por un trabajo te agradezco lo que hiciste por nosotros. Nunca me olvidaré de ti y si me acompañas en el trabajo no necesitaré pedirte dinero. Aprovecho para decirte que yo no soy nadie para darle consejos a Dios pero si vas a mandarle dinero a alguien que esté necesitando, no lo mandes por el correo porque en el Correo a mí ¡me robaron 25 pesos...!

Pucho."

172

- La diversión existe para el hombre
  y no el hombre para la diversión.
- La juventud crea problemas
  que la incomprensión de los adultos complica.
- Solo tratemos de ser nosotros mismos;
  hemos sido aceptados por el sol, por la luna,
  por los árboles, por el océano, por la tierra,
  por las estrellas, por el universo. ¿Qué más queremos...?
- No basta con saber qué hacemos;
  es importante saber por qué lo hacemos;
- La esperanza es un misterio:
  cuanto más crece el sufrimiento,
  más aumenta la esperanza...
- Quienes murieron, hubiesen preferido nuestra sonrisa en la vida
  antes que muchas lágrimas durante la muerte.
- Quien se enoja crea revoluciones, pero todas han fallado.
  Lo que viene de la ira viene de la ignorancia.
  Un cambio auténtico para mejorar es imposible hacerlo con ira.
- Si estamos amando verdaderamente,
  el trabajo que otros nos dan nunca se vuelve cansador.
- La función de los padres es enorme, y a menos que el potencial del
  hijo pueda crecer, el padre será infeliz. El hijo sólo será feliz, siendo lo que tiene que ser, y desarrollando su propia semilla.
- Aquello que a primera vista juzgamos como mal
  puede convertirse en el origen de un bien.

173

Nuevamente, Paula, preocupada por sus hijos y por la educación en general, ya sea por parte de ella misma como madre, ya sea por parte de los abuelos, de los tíos, de los maestros, y también por parte de los chicos, le comentó algo a su compañero, descargando así sus pensamientos y sus problemas. Joaquín, trató de comprenderla y de ayudarla.

—Te contaré este cuentito corto que estoy recordando:

Había una vez una pata que puso cuatro huevos. Mientras empollaba, un zorro atacó el nido y la mató. No alcanzó a comerse los huevos y una gallina clueca que andaba por ahí, aburrida, los encontró y empezó a empollarlos.

Nacieron los patitos y tomaron a la gallina como mamá. Caminaban en fila detrás de ella, y todas las mañanas, después del canto del gallo, ella los alimentaba partiendo las lombrices y repartiéndoles el alimento a todos por igual.

Un día, salió a pasear hacia el lado de la laguna y los patitos que naturalmente la siguieron, se zambulleron en ella con gran naturalidad. Mientras tanto, mamá gallina cacareaba desesperada pidiéndoles que salieran del agua.

Los patitos alegres chapoteaban, y su mamá saltaba desesperaba temiendo que se ahogaran. Apareció entonces el gallo atraído por los gritos y se percató de la situación:

"¡No se puede confiar en los jóvenes!" sentenció el gallo, "¡Son unos imprudentes!".

Y uno de los patitos que escuchó al gallo, se acercó hasta la orilla, y les dijo a ambos: "No nos culpen a nosotros por sus propias limitaciones...".

174

Había una vez un maharajá, que tenía fama de ser muy sabio. Cumplía 100 años, y el acontecimiento fue recibido con gran alegría, ya que todos querían mucho al gobernante.

En el palacio se organizó una gran fiesta para esa noche, y se invitó a poderosos señores del reino y de otros países.

El día llegó, y una montaña de regalos se amontonó en la entrada del salón, donde el maharajá iba a saludar a sus invitados.

Durante la cena, el maharajá pidió a sus sirvientes que separaran los regalos, en dos grupos: los que tenían remitente y los que no se sabía quién los había enviado.

A los postres, el rey mandó traer ambas montañas de regalos.

Una, de cientos de costosos y grandes regalos, y otra más pequeña, de una decena de presentes.

El maharajá comenzó a tomar regalo por regalo, de la primera gran montaña, y fue llamando a aquellos que habían enviado los regalos.

A cada uno lo hacía subir al trono y le decía:

"Te agradezco tu regalo, y te lo devuelvo... , quedamos como estábamos antes..."

Y les devolvía a cada uno su regalo.

Cuando terminó con esa pila, se acercó a la otra montañita y dijo:

"Estos regalos no tienen remitente, y a éstos sí los voy a aceptar... , porque no me obligan..., y a mi edad..., es bueno no contraer deudas..."

175

- El tiempo consiste en el pasado y en el futuro;
  pero si la vida consiste en el presente
  y estamos aquí, en este momento,
  el tiempo no existe y todo se detiene.
  El pasado es una colección de memorias,
  y el futuro es una imaginación o un sueño.

- El corazón no está interesado en las palabras,
  sino en la sustancia o esencia, dentro del recipiente
  que es "palabra". No colecciones recipientes:
  bebe el zumo, luego arroja el envase.

- La alegría y el placer son compañeros inseparables
  para quienes sirven por amor.

- El amor siempre despierta cuidado e interés
  por la felicidad de los demás.

- Si estoy pensando mientras mi amado está junto a mi,
  y él hace lo mismo, entonces no estoy con él, ni él conmigo.
  Estamos a millas de distancia,
  pero si cesan los pensamientos, somos uno.

- El matrimonio no es de ningún modo sexual,
  pero lo hemos forzado a ser sexual.
  El sexo puede estar presente, y puede no estar presente.
  El matrimonio alumbra almas muy diferentes.

- A un buen lector se lo distingue por los libros que echa
  a la basura, mas que por los que lee y guarda, y si los
  conocimientos resultan polémicos, y son para vivirlos,
  nos permiten crecer, ya que cerrando la puerta
  a los errores, dejamos afuera a la verdad.

176

Una vez, un rey, monarca de un país pequeño llamado Uvilandia, lleno de viñedos, vio que con la exportación 15.000 familias ganaban lo suficiente como para vivir bien y pagar los impuestos, y como era justo, comprensivo, quiso rebajar impuestos, hasta que un día, tuvo la idea de abolirlos y como única contribución para solventar gastos pediría a sus súbditos, una vez al año, un litro del buen vino de su cosecha, que vaciarían en un gran tonel construido para ese fin en esa fecha. De la venta se obtendría el dinero para el presupuesto del reinado, gastos de salud y de educación para el pueblo. La noticia fue desparramada en las principales calles de las ciudades; la alegría de la gente fue inmensa y se cantaron canciones en su honor. Llegó el día de la contribución y todos, en barrios, mercados e iglesias, se recomendaban no faltar a la cita. La cívica conciencia era la retribución al soberano. Desde temprano empezaron a llegar familias enteras de viñateros, con la jarra en manos del jefe de familia. Uno a uno subía la larga escalera hacia el tope del enorme tonel, vaciaba su jarra y bajaba por otra escalera donde el tesorero les colocaba un escudo en la solapa. Nadie había faltado, y el barril estaba lleno. El rey, satisfecho, salió a su balcón aclamado por la gente feliz. En una hermosa copa de cristal, mandó a buscar una muestra del vino adquirido como suma de las mejores uvas regadas con el amor de su pueblo. Todos lloraban y vivaban al rey. Levantó la copa para brindar, pero notó que el líquido era transparente, luego confirmó que no tenía olor. Bebió un sorbo y no tenía gusto. Mandó buscar una segunda copa y otra más, pero no hubo caso: era incoloro, inodoro e insípido. Llamó a dos alquimistas y la conclusión fue que el tonel estaba lleno de agua. Llamó a sabios y magos para ver qué había ocurrido. El más anciano dijo: "Humanos, pensaron que si ponían una jarra de agua en quince mil litros de vino no se notaría, pero todos pensaron lo mismo..."

177

Sinclair se levantó ese día como siempre, a las 7 de la mañana. Vistió ropa de moda, bajó a buscar la correspondencia, y se encontró con que no había cartas. Su correo era frecuente por su contacto con el mundo. Malhumorado por la ausencia de cartas, desayunó leche y cereal y salió. Cruzó la plaza, se topó con el profesor Exer, lo saludó, pero el profesor pareció no reconocerlo. Empezaba mal el día y empeoraba. Decidió volver a casa a leer y a esperar cartas. Esa noche durmió mal, se despertó temprano, desayunó, espió por la ventana al cartero, pero éste pasó frente a su casa sin detenerse. Salió a llamarlo y el empleado le aseguró que no había nada. Preocupado, pensó que debía averiguar qué sucedía. Se dirigió a la casa de su amigo Mario y al llegar, con brazos extendidos fue al encuentro del amigo quien le dijo: "Perdón, ¿nos conocemos?". Creyó que era una broma pero el resultado fue que el mayordomo lo acompañó hasta la calle. En camino hacia su casa se encontró con vecinos que lo ignoraron y pensó que debía haber confabulación. Durante dos días esperó correspondencia o la visita de alguien, pero no hubo caso. La señora de la limpieza faltó sin aviso y el teléfono dejó de sonar. La quinta noche, Sinclair decidió ir al bar donde se reunía con amigos y cuando los vio, acercó una silla y se sentó. Un silencio marcó la incomodidad del allegado. "¿Qué pasa conmigo? Si les hice algo, díganlo, pero no hagan esto, que me vuelve loco."

Uno de ellos dijo: "Ninguno de nosotros lo conoce, así es que nada nos hizo...". Lágrimas salieron de sus ojos, salió del local, y sin saber cómo ni por qué, había pasado a ser un desconocido. Un pensamiento martillaba su cabeza: "¿Quién eres?" Él sabía su nombre, el talle de su camisa y otros datos, pero ¿quién era verdaderamente, con sus gustos, actitudes, inclinaciones, ideas, suyas o en intento de no defraudar a otros? Respiró, sintió aire nuevo, se dio cuenta que su sangre fluía, su corazón latía, y estando solo, se tenía a sí mismo. Esa noche durmió profundamente, tuvo hermosos sueños, y al despertar descubrió un rayo de sol que entraba por la ventana. Bajó tarareando una canción, vio muchas cartas y la empleada estaba trabajando. En el bar, a la noche, todo era normal, salvo él, que ahora sabía quién era, no sólo para los demás...

178

- El individuo parece ser tan pequeño y la sociedad tan grande,
que todos piensan que quien debe cambiar es la sociedad.
La sociedad es sólo una palabra, un cadáver,
no tiene alma, y nada puede cambiarse en ella.
No importa que el individuo parezca pequeño;
la transformación del individuo es aplicable a todos
y entonces la realidad social del mañana será hermosa.

- Nosotros no somos nosotros mismos,
no pensamos en nuestro potencial,
no nos dirigimos a nuestra propia naturaleza...
Si cada hombre se arraiga en su propio potencial,
cualquiera que éste sea, el mundo cambiará contento.

- En lugar de pensar en revoluciones y cambios sociales,
mejor es pensar en meditaciones y cambios individuales.
Nuestra sociedad no es armónica, porque cada individuo
está dividido dentro de sí mismo...

- Podemos ver a los enfermos y enfermarnos también,
pero podemos averiguar las causas y ayudar a suprimirlas,
y si permanecemos alegres, esa alegría es la que ayuda,
y no la tristeza, ya que es posible estar alegre de algo triste.

- Para vivir realmente, bebamos el zumo del momento presente,
exprimámoslo todo, porque cuando se va el momento,
se va definitivamente.

- Si queremos conocer la pepita del fruto,
rompamos la cáscara...

179

Había una vez un señor, que había viajado mucho. A lo largo de su vida había visitado cientos de países reales e imaginarios. Uno de los viajes que más recordaba era la corta visita al país "Cucharas Largas". Casualmente había llegado a la frontera de Uvilandia hacia País, y explorador como era, tomó un desvío hacia el mencionado país. El sinuoso camino terminaba en un caserón enorme. Al acercarse notó que la mansión se dividía en dos pabellones, el ala Oeste y el ala Este. Estacionó su automóvil, se acercó a la casa y vio en la puerta un cartel:

"Para visitar este país Cucharas Largas, avanzar por el pasillo hasta que éste se divida a la derecha, en la Habitación Negra, y a la izquierda, en la Habitación Blanca."

El hombre avanzó hasta que el azar le indicó doblar primero a la derecha, donde un nuevo corredor terminaba en una gran puerta.

Comenzó a escuchar, mientras avanzaba, quejidos y lamentos que salían desde la Habitación Negra. Las exclamaciones de dolor y sufrimiento lo hicieron dudar, sin embargo siguió, abrió la puerta y entró. Sentados alrededor de una enorme mesa estaban los manjares más exquisitos que se podía uno imaginar, y aunque los comensales tenían una cuchara con la cual alcanzaban el plato central, se estaban muriendo de hambre. Las cucharas tenían el doble del largo de sus brazos y estaban fijas en sus manos, y de ese modo todos podían servirse pero nadie podía llevarse el alimento a la boca. La situación era desesperante y los gritos desgarradores hicieron que el hombre saliera casi huyendo del salón.

Tomó el pasillo de la izquierda hasta una puerta similar con la diferencia de que no se escuchaban lamentos.

El explorador giró el picaporte, entró a la sala y vio a cientos de personas sentadas alrededor de una mesa semejante a la anterior.

También tenían una larga cuchara fija en sus manos, pero nadie se quejaba..., y nadie se moría de hambre..., todos se daban de comer, los unos a los otros. Sonrió, dio media vuelta, y al salir, cuando escuchó cerrarse la puerta, se encontró, misteriosamente, en su automóvil, rumbo a País...

180

Felizmente, Paula y Joaquín se pudieron reencontrar en el café habitual, para intercambiar algunas opiniones...
—Me pregunto por qué estamos siempre buscando la perfección.
—Bueno, me parece bien que busquemos siempre ser mejores porque en realidad ése es el objetivo de nuestra vida; pero resulta que muchas veces la cultura es un obstáculo para la continuación de la cultura...
Por ejemplo, ¿te diste cuenta de que cuando nace un niño con alguna deficiencia inmediatamente se envía un médico consejero para decirle a los padres que no deben sentir temor y darles esperanzas?
Da la sensación de que somos de la Escuela de Doris Day y Rock Hudson. La Metro Goldwyn Mayer nos enseñó el concepto de lo bello y de lo bueno y nos inculcó el concepto del amor, creyendo que es un proceso de persecución de una mujer, que dura seis rollos de película: Rock siempre persigue a Doris y ella escapa protegiendo algo que no se sabe qué es, y en el último rollo, él le da caza, la toma en brazos, cruzan un umbral y luego dice FIN. ¿Y qué ocurre después del cartelito FIN? Porque si una mujer se pasa corriendo durante seis rollos, debe ser frígida, y el otro tipo suficientemente loco para perseguirla, debe ser impotente...
¿Cuánto demoran para llevarle a una madre su hijo sano recién nacido?
Un lapso más prolongado que con el niño imperfecto, sobre el cual se abate una especie de tristeza en el hospital, indicándole a la madre que ella es "rechazada" y que "algo pasa", y preguntándose el niño: "¿Yo tengo la culpa?". Esas ideas de perfección aterrorizan, y ya casi no hacemos nada por temor a no ser "perfectos".
En el colegio secundario, en las clases de educación física, nos esforzábamos por obtener perfección pero no a todos nos daban la misma oportunidad. Había tipos corpulentos que eran las estrellas, y a mí, puro piel y huesos, me dejaban en la fila de espera, lo que era un suplicio. Cuando me llamaban, me adelantaba temblando de miedo, y hoy, esta idea de la perfección me parece indignante, porque la verdad es que una cosa es ser mejores, conscientes, o ir en pos de una superación, y otra cosa es buscar una perfección imaginaria...

181

- Estar vivos significa tener sentido del humor
  y sentido del amor, reverenciando la Creación.
- En la vida encontramos la muerte, y en la muerte, la vida.
- La obediencia no precisa inteligencia. Las máquinas son obedientes.
  La obediencia nos aleja de la responsabilidad y de reaccionar.
  La obediencia es simple: es sólo hacer lo que se nos ordena.
  La desobediencia, en cambio, necesita de un orden más elevado,
  por eso cualquier idiota puede ser obediente...
- Muchas veces separados de las leyes hominales
  nos acercamos a las leyes naturales.
- A la Creación sólo puede amársela acatando sus principios.
- Deberíamos llegar a ser discípulos de nuestros miedos
  y no víctimas de nuestros miedos.
- La soledad es esencial y no hay manera de evitarla.
  Todos los esfuerzos dirigidos a evitar la soledad fallan,
  porque están en contra del fundamento de la Vida.
- La riqueza más grande que podemos tener es la espiritualidad,
  pero ésta contiene a todas las demás riquezas,
  y no está en contra de ninguna forma de riqueza,
  pero sí está en contra de todas las clases de pobrezas.
- ¿Por qué hay tantas flores si con rosas bastaría?
  La naturaleza, danzarina en todas partes,
  en los mares, en los árboles,
  cantando dondequiera, en el viento, a través de los pinos,
  en los pájaros, y en millones de sistemas solares,
  conteniendo millones de estrellas, lo hace en la abundancia,
  que es la propia naturaleza de la existencia.

182

La Mujer, receptiva, entiende los sentimientos, mientras el hombre es más racional. Si ella le enseña a expresar sus sentimientos, él se libera del estrés que lo domina por ocuparse del mundo exterior. Ambos, tenemos energía femenina de intuición y masculina de racionalidad, pero al hombre le es más difícil acceder a su intuición. Si el polo positivo y el negativo funcionan en armonía, surge el espíritu, la comunión. Esa trilogía es la famosa Trinidad: El espíritu o hijo, que nace de lo masculino y femenino en unión. La Trinidad que se nos enseñó fue falsa. Las tres partes en ella eran masculinas: El padre, el hijo, y el espíritu, siendo negada la mujer. Si ya se la rechazaba en la Trinidad, se estaba negando a Dios, y por eso hay falta de energía, pues nunca fue entendido el proceso de la creación; sin embargo, es ella quien da a luz... El problema planetario surgió por haber sido negada y rechazada la mujer. Hoy se hace necesario revalorarla, incluirla, en armonía e igualdad, en respeto y cooperación, para crear, para amar, para el espíritu, para Dios. Apreciemos este cambio, ya que cuando se sabe lo que se quiere crear, se crea a través de lo femenino que hay dentro de cada individuo. Es la mujer quien tiene el acceso a la intuición. El hombre puede activar y llevar a cabo, pero es ella quien ofrece el conocimiento. Ella le dice cómo se hace, y él realiza. Eso es cooperación. Si la verdadera semilla de la mujer no es restaurada, nuestra sociedad se desintegrará, cosa que sucedió en nuestro planeta, con otras culturas. En Grecia, Egipto, etc., no funcionaron en armonía hombre y mujer. Ella no fue apreciada; todo liderazgo estuvo constituido por el hombre y no por ambos. Pero la cabeza debe servir al corazón, y lo masculino debe servir a lo femenino, y un pueblo empobrecido es resultado de su pobre creatividad, al no tener acceso a su parte femenina, olvidando que en el interior de cada hombre hay una gran mujer, y en el interior de cada mujer, hay una gran mujer que es la Intuición...

183

- El hombre, centrado en su soledad y completo en sí mismo, puede hacer amigos y sólo él, los puede hacer, porque no es su necesidad sino su querer compartir, ya que tiene tanto, que él sí puede compartir.
- Los tiempos de desastre y de caos son reveladores, y si los entendemos, despertamos.
- Los peligros son grandes pero las oportunidades también.
- Aun a pesar de la oscuridad, se puede estar desprovisto de ella...
- La evolución funciona a través de polaridades: hombre-mujer, vida-muerte, amor-odio, calor-frío, luz-sombra, bien-mal, etcétera.
- Eres una muchedumbre dentro de ti. No interfieras con tus personalidades. Obsérvalas y verás que giran alrededor del observador, que eres Tú...
- La mente siempre debe ser sirvienta del corazón, y la lógica siempre debe ser sirvienta del amor.
- Conservemos viva nuestra niñez hasta nuestro último aliento, y esa sorpresa del niño ante las flores, ante los pájaros y ante el cielo será de nuestra pura inteligencia.
- La cuestión no es ser amorosos con cierta persona o con otra, o con un amigo, o con un enemigo, sino ver si somos o no somos, amorosos.
- Nuestro único maestro es nuestro corazón; confiemos firmemente en nosotros mismos...
- El amor es el regocijo por la sola existencia del otro.

184

Había una vez, en las afueras de un pueblo, un gran árbol, frondoso, que vivía regalando generosamente el frescor de su sombra, el aroma de sus flores, la riqueza de sus frutos y el increíble canto de los pájaros que disfrutaban en sus ramas. El árbol era muy querido, especialmente por los niños, que se trepaban por el tronco y se balanceaban entre sus ramas. Entre ellos había un niño que era su preferido. Conversaban ambos en complaciente complicidad.

Cuando el niño se volvió adolescente, dejó de visitar al árbol, pero unos años después, el árbol lo vio acercarse, y le habló con entusiasmo:

—Amigo, ven..., acércate. Trépate y conversemos...

—No tengo tiempo para estupideces —dijo el muchacho—. Antes no sabía que se necesitaba plata para vivir —agregó.

—No tengo plata, pero tengo mis ramas llenas de frutos. Llévalos, véndelos y obtendrás la plata que quieres...

El muchacho subió por las ramas y arrancó todos los frutos, incluidos los que aún no estaban maduros, y los llevó a una verdulería. El árbol se sorprendió de que su amigo no le dijera "gracias".

Pasaron diez años hasta que el árbol vio nuevamente a su amigo pasar:

—¡Qué grande estás...! ¡Súbete como cuando eras chico!

—¿No entiendes?, no estoy para trepar. Lo que necesito es una casa...

—Pero mis ramas son fuertes. Puedes hacer una casa resistente...

El joven salió, y media hora después llegó con una sierra y cortó las ramas. El árbol, aunque sintió dolor, no se quejó. Una por una, todas las ramas cayeron, dejándole el tronco pelado.

El árbol, en silencio, vio al joven alejarse. Así, con el tronco desnudo, el árbol se fue secando lentamente. Ya era viejo para hacer crecer nuevamente ramas y hojas. Unos años después vio nuevamente llegar al ya hombre:

—Hola, ¿qué necesitas esta vez?

—Quiero viajar...

—Puedes usar mi tronco, hacer una canoa y recorrer el mundo...

—¡Qué buena idea! —dijo el hombre. Una hora más tarde volvió con un hacha y taló al árbol... Y cuenta la leyenda, que aquel árbol cortado, aún espera al amigo para que le cuente de la casita y del viaje, aunque sabe, que no tiene nada más para ofrecer...

185

Pamela tomó el teléfono para manifestar su inquietud a Carolina:
—Anoche terminé de leer un libro, y hoy me pregunto si los libros sirven o no, ya que depende de mí, lo que piense, lo que sienta y lo que haga... Tú, ¿qué piensas?
—Pienso que la palabra es una barrera. Uno de los más grandes sabios, que no fue asesinado, como Jesús, Sócrates y otros, por el enojo de la mayoría que no podía aceptar ciertas verdades, dijo:
"El que sabe no dice y el que dice no sabe".
El conocimiento siempre se presenta (y bajo formas diversas, símbolos, sátiras, paradojas, contradicciones, etc.), pero es uno mismo quien sabrá o no descubrirlo... Este famoso sabio, Lao Tsé supo una mañana que moriría, y quiso partir hacia las montañas, para morir en soledad. Él no era de hablar con sus discípulos, ni tampoco de transmitir por escrito, pero esa tarde les avisó que partiría. Ellos lo amaban y lo comprendieron. Salir de China hacia las montañas implicaba atravesar la Muralla China. Él Guardia del Control del lugar, reconoció al anciano, lo detuvo y le preguntó hacia dónde iba. El sabio le dijo que se aproximaba su hora y que prefería dejar su cuerpo en las montañas. Entonces el soldado de Guardia con afecto le dijo:
"Supongo que dejaste por escrito todo lo que sabes, ya que todos te conocemos pero nunca aprendimos de ti...".
El anciano le respondió: "La palabra escrita difícilmente ayude a descubrir la verdad...".
El soldado sorprendido aprovechó su poder, informándole que no lo dejaría pasar hasta que escribiera su sabiduría. Lao Tsé se resistió, pero finalmente se dio cuenta que el Guardia no cambiaría su actitud. En esa misma noche escribió el famoso *Tao*. Este libro *Tao Te King*, comienza diciendo: "Todo lo que pueda decirse de la verdad, no es totalmente verdadero".

186

- Muchos dicen: "Piensa dos veces antes de saltar";
  pero mejor es saltar, y luego pensar las veces que uno quiera.
- La vida es actividad y movimiento.
  La pereza y la inercia es tiempo no vivido.
- El llanto del recién nacido es la protesta por penetrar en un mundo desfavorable y denso, y los padres obligados a corregirlo una y otra vez, ¡no piensan que ésa es la enseñanza que ellos están recibiendo!
- A nuestros problemas nunca los miramos cara a cara,
  y nuestro temor a verlos los fortifica.
  Al evitarlos, les damos vida.
- La cualidad de una persona madura, es que tiene
  presencia e inocencia, pero ya no es persona.
  Un niño inocente no tiene que ver con experiencias de vida
  sino con un peregrinaje interior.
  Su presencia permanece y sus personajes desaparecen.
- La función de la mente es crear divisiones;
  la función del corazón es crear uniones.
- La mente está ciega y no puede estar quieta,
  necesita preocuparse y funciona como una bicicleta:
  si continuamos pedaleando seguirá marchando.
- Si la existencia cuida de los árboles,
  de los animales, de las montañas,
  de los océanos, de una hojita de hierba,
  y también de la estrella más grande,
  entonces también cuida de ti...
- Todo lo que cada uno se quiera a sí mismo, es poco.
  A todos nos falta todavía querernos más.

187

Había una vez, en la ciudad de Cracovia, un anciano piadoso y solidario, llamado Isi. Durante varias noches soñó que viajaba a Praga, que llegaba a un puente sobre un río, y que a un costado de éste, se hallaba un frondoso árbol. Se veía a él mismo cavando un pozo al lado del árbol, y sacando un tesoro, que le traía bienestar y tranquilidad para toda su vida. Isi no le dio importancia al sueño, pero después de repetírsele durante varias semanas, interpretó que era un mensaje y decidió que no podía desoír esa información.

Cargó su mula para una larga travesía y partió rumbo a Praga. Después de seis días, se dedicó a buscar el puente sobre el río.

No había muchos ríos y puentes así es que pudo encontrar el lugar. Era igual que en el sueño, sólo que el puente estaba siendo custodiado por un soldado de la guardia imperial, quien al verlo le preguntó acerca de qué era lo que buscaba. Isi le contó su sueño, el guardia empezó a reír, y luego dijo:

"Has viajado mucho para esa estupidez. Yo, hace tres años que sueño todas las noches que en Cracovia, debajo de la cocina de la casa de un viejo medio loco de nombre Isi, hay enterrado un tesoro... ¡Imagínate que por eso, a mí se me ocurriera viajar hasta Cracovia para encontrar al tal Isi!

Humildemente agradecido, Isi se despidió y regresó a su casa. En cuanto llegó, cavó un pozo bajo su propia cocina y sacó un tesoro que siempre había estado enterrado allí...

188

Ese día las viejas amigas se encontraron en un mismo Banco, pagando: "¡Pamela! ¡Que casualidad! Vamos, que te convido a tomar algo y me cuentas cómo te ha ido..., sugirió Carolina y agregó enseguida: "¿Qué te pasa que te noto tristona?".

—No..., ando bien..., un poquito triste sí, es cierto, pero no nos preocupemos por eso, porque una vez me dijeron que la tristeza también tiene su belleza...

Cuando ya estaban acomodadas en un barcito colonial que había sobre esa avenida, a Carolina le quedó picando eso de que la tristeza tiene su belleza, y le preguntó:

—¿Cómo es eso de que la tristeza tiene belleza?

—Lo que sucede es que depende de cómo la tomas, y yo ahora decidí disfrutarla, o sea mirarla y darme cuenta de que en realidad ni siquiera estando muy feliz siento estos momentos especialmente profundos, y es verdad que tiene su belleza, es cuestión de descubrirla. La felicidad me parece más ruidosa, en cambio la tristeza tiene ese silencio, y lo feliz va y viene, en cambio esta "oscuridad" es de lo eterno, es como una flor de la oscuridad, es como un abismo musical, sin perturbación, y uno puede ir cayendo en ella, como un descanso. Eso sí, sin llegar a identificarse con la tristeza, sino observándola solamente.

Si interpretas que es algo malo y tratas de escapar de ella y te vas a ver a alguien, o a ver televisión, o a leer los diarios, a olvidar, erraste el camino, porque no es algo malo, es simplemente la otra polaridad de la vida. Un polo es la felicidad, el otro la tristeza, y ambos son la vida, que se mueve en todas direcciones, y cuando entendemos esta totalidad, podemos celebrarla con gratitud.

Sorprendida, Carolina la terminó de escuchar y comentó:

—Me gustó, ahora estoy entendiendo por qué la gratitud es básica: No hemos comprendido aún a la totalidad, estamos todavía en la parcialidad...

189

- Las mentiras de todas clases, colores, formas y tamaños,
  están a nuestro alcance y a nuestra medida.
  No necesitamos acomodarnos a ellas,
  pues ellas se acomodan a nosotros;
  pero la verdad sólo puede ser nuestra propia experiencia
  y tendremos que acomodarnos a ella, pues no hace concesiones.
- Lo que conduce a la confianza total no es la relación sino la unidad.
  Llega repentinamente, como una brisa,
  y cuando probamos que el amor y la confianza parecen pobres,
  conocemos la riqueza...
- Si nos aceptamos como somos, aceptaremos a los demás,
  y nuestra aceptación ayudará a otros a aceptarse a sí mismos,
  y un noventa por ciento del sufrimiento desaparecerá,
  por no tener fundamento, y los corazones se abrirán y el amor fluirá.
- Excepto el hombre, nadie miente. Un rosal no puede mentir,
  tiene que producir rosas, no puede producir caléndulas,
  no puede engañar, no le es posible ser otra cosa que lo que es.
  La existencia entera vive en la verdad, excepto el hombre...
  Cuando el hombre decide hacerse parte de la existencia,
  la verdad, se vuelve su religión,
  siendo el momento más glorioso para su vida.
- Cada religión asegura que su libro ha sido escrito por Dios,
  logrando con ello que alguien sea superior y alguien inferior.
  A menos que estas cosas las pongamos de lado,
  no podremos entrar en la verdad.
- Los intelectuales viven de palabras muertas.
  La inteligencia en cambio descarta a la palabra y toma su esencia.
  El hombre inteligente siempre elige el camino del corazón...

190

Había una vez, un señor muy aprehensivo respecto de sus enfermedades, y sobre todo muy temeroso del día de su muerte.
Un día, entre tantas ideas locas, se le ocurrió que él quizás ya estaba muerto. Entonces, le preguntó a su mujer:
—Dime mujer, ¿no estaré muerto yo?
La mujer se rió y le dijo que se tocara las manos y los pies.
—¿Ves? Están tibios. Bueno, eso quiere decir que estás vivo. Si estuvieras muerto, tus pies y tus manos estarían fríos.
Al hombre le sonó razonable la respuesta, y se tranquilizó.
Pocas semanas después, el hombre tuvo que salir a hachar unos árboles bajo la nieve, y cuando caminó hacia el bosque y llegó, se sacó sus guantes y comenzó la tarea de hachar. En un momento, sin darse cuenta, se pasó la mano por la frente y se dio cuenta que su mano estaba fría, se acordó de lo que había dicho su esposa, se sacó un zapato y una media, y confirmó con horror, que sus pies estaban fríos. No le quedó ninguna duda: Estaba muerto..., y se dijo:
"No es bueno que un muerto ande por aquí hachando árboles."
Entonces dejó su hacha al lado de la mula y se tendió quieto en el suelo helado, con las manos en cruz sobre el pecho y los ojos cerrados.
A poco de estar ahí tirado quieto, una jauría comenzó a acercarse a las alforjas con provisiones, y al ver que nadie los paraba, destrozaron y devoraron todo lo que había de comestible. El hombre pensó:
"Que suerte tienen de que estoy muerto porque si no los echaba a patadas..." La jauría descubrió a la mula atada a un árbol quien chillando comenzó a cocear y a patear. El hombre pensó:
"Que lindo sería defenderla si no fuese que estoy muerto..."
La jauría insaciable se encargó de la mula, hasta que uno de los perros olió al hombre, y vio al hachero inmóvil, se le acercó muy lentamente, y en pocos instantes todos los perros lo rodearon, babeando sus fauces. El hombre pensó:
"Ahora me van a comer. Si no estuviera muerto, otra sería la historia." Los perros se fueron acercando cada vez más, y viendo la inacción del hombre, se lo comieron...

191

Ambos jóvenes amigos de siempre, decidieron pasar aquel atardecer pescando a la vera del río, y mientras disfrutaban esa tranquilidad frente a la belleza de la puesta del sol, el más curioso preguntó:
—¿Qué piensas respecto de la oración? ¿Tú rezas periódicamente?
—Te lo contesto con una historia que vivió Moisés:
Un día Moisés iba paseando por un bosque, y vio a un hombre de rodillas rezando y diciendo cosas que a Moisés le parecieron absurdas, por lo que se detuvo a escuchar:
"Dios, a veces debes sentirte solo, yo puedo venir y estar a tu lado, no te sentirás solo, te haré compañía, te daré un buen baño y te quitaré las pulgas de tu pelo y de tu cuerpo, luego cocinaré mi guiso de porotos para ti, te haré una cama y te lavaré la ropa. Basta con que me des una señal y yo vengo...".
Moisés se acercó al hombre y le explicó que eso de las pulgas y del baño era una tontería y le enseñó a rezar correctamente.
Cuando terminó de enseñarle y habiendo concluido su tarea, orgulloso continuó su camino por el bosque.
De pronto escuchó un trueno y seguidamente,
una voz que le dijo:
"Estás en el mundo para acercar los seres a mí y no para alejarlos, así es que regresa ahora, pídele perdón a ese hombre, pues destruiste la belleza de su diálogo, y retira tu plegaria.
Ese buen hombre fue sincero y amoroso, diciendo desde su corazón lo que tu le enseñaste desde tu ritual, cosa que podrá repetir, pero sólo quedará en sus labios.
Desde hoy, Moisés trata de que tus gestos sean vivos, espontáneos, auténticos, y que sea tu conciencia la que decida tu estilo... La verdad del momento, será entonces tu oración sincera.

192

- Para llegar a una muerte natural, tenemos que vivir una vida natural, sin inhibición y sin depresión, como los animales, pájaros y árboles, dejando que sea la vida la que nos viva a nosotros, naturalmente.
No importa a quién le des amor, trata de derrocharlo.
Tienes tanto amor que eres como una nube cargada de lluvia, a la que no le importa donde llover, si sobre rocas o jardines, ella quiere descargarse, y para ella será un gran alivio...
Una flor quiere esparcir su fragancia,
sin deseo alguno de obtener algo a cambio.

- Cuando sientas un estado de éxtasis,
no pienses que será permanente,
es como la fragancia y frescura de una brisa,
pero goza el momento con júbilo y gratitud,
y así, tu estado de sufrimiento, tampoco será permanente.

- Mira la realidad sin pensamientos.
Limpia tu corazón de las comparaciones.
Descarta el pasado y purifica el presente.
Vemos diariamente a la vida caminando hacia la muerte,
calmadamente, sin queja alguna, sin oír sus pasos,
encaminándose hacia una nueva forma de Vida...

- Cuando entendemos que el amor es más el dar que el recibir,
no sentimos la necesidad de ser amados ni de ser amorosos,
porque amorosa será nuestra simple respiración,
y si el amor no llega, es porque no pueden darnos lo que no tienen.

193

Había una vez un oasis escondido en lejanos paisajes del desierto, en donde al lado de unas palmeras, se encontraba arrodillado un hombrecito viejo, trabajando.

Un vecino del lugar, un acaudalado mercader, se acercó a abrevar sus camellos, y se detuvo a observar al viejito que transpirando cavaba en la arena.

—¿Qué tal anciano? ¡Que la paz sea contigo! ¿Qué haces aquí con esta temperatura y esa pala?

—¡Siembro dátiles —contestó el viejo.

—¡Dátiles! El calor te ha dañado el cerebro amigo! Deja esa tarea y vamos mejor a la tienda a beber una copa...

—Debo terminar la siembra... y luego sí, beberemos...

—Dime viejo, ¿cuántos años tienes?

—Setenta, ochenta, no sé, lo he olvidado, pero ¿qué importa?

—Mira amigo, los datileros tardan más de cincuenta años en crecer y recién después, las palmeras adultas dan fruto. Ojalá vivas hasta los ciento treinta años pero difícilmente puedas llegar a cosechar algo. Deja eso...

—Yo comí los dátiles que otro sembró y yo siembro para que otros puedan comer mañana..., así es que vale la pena terminar mi tarea.

—Me has dado una lección. Déjame que te pague con una de estas bolsas de monedas —y diciendo esto, le puso en la mano una bolsa de cuero, llena de monedas.

—Te agradezco tus monedas. Me pronosticabas que no llegaría a cosechar, sin embargo no termino de sembrar, y ya coseché la gratitud de un amigo, y una bolsa de monedas...

—Tu sabiduría me asombra, anciano. Es la segunda lección que me das y es aún más importante que la primera. Déjame que te pague con otra bolsa de monedas...

—Sembré para no cosechar... —dijo pensativo el viejito.

—Basta, no sigas hablando. Veo que no me alcanzará mi fortuna, para pagarte por lo que me estás enseñando...

194

Allí estaba, desde el primer momento, en la adrenalina de tus padres...
Llegué a ti, antes de que pudieras hablar, antes de que pudieras entender...
Ya estaba cuando intentabas tus primeros pasos frente a otras miradas.
Frente a burlones y divertidos, cuando eras vulnerable y necesitado...
Me acompañaban las supersticiones, los conjuros, y las tradiciones...
Las costumbres, tus maestros, tus hermanos, y tus amigos...
Dividí tu alma en luz y oscuridad, en lo bueno y en lo malo...
Te traje sentimientos de vergüenza y te mostré tus defectos...
Te colgué la etiqueta de Diferente y te dije que algo no andaba bien...
Existo desde antes de la conciencia, antes de la culpa, desde Adán...
Soy el invitado no querido, sin embargo, el primero en llegar...
Me he vuelto poderoso escuchando a tus padres cómo triunfar...
Observando preceptos de moral, de religión, y de qué hacer...
Sufriendo bromas crueles de tus compañeros de colegio...
Soportando humillaciones de superiores, contemplando el espejo...
Y comparando tu imagen con la de los exitosos de la televisión...
Y ahora por fin puedo transformarte en un tacho de basura...
Generaciones de hombres y mujeres me siguen apoyando...
No puedes librarte de mí, y la pena que te causo es insostenible...
Deberás pasarme a tus hijos, y me disfrazaré de perfeccionismo...
De altos ideales, de autocrítica, de buenas costumbres y autocontrol...
La pena que te causo es tan intensa, que querrás negarme...
Intentarás esconderme detrás de tus personajes, de las drogas...
De tu lucha por el dinero, detrás de tu neurosis y de tu sexualidad...
Pero no importa lo que hagas ni importa adonde vayas...
Yo estaré siempre allí, porque viajo contigo día y noche sin descanso...
Soy la causa principal de la dependencia, del esfuerzo...
De la inmoralidad, del miedo, de la violencia, del crimen, de la locura...
Te enseñé el miedo a ser rechazado, y de mí dependes para seguir... Y
ser esa persona deseada, aplaudida, agradable, que hoy demuestras...
Soy el baúl donde escondiste cosas desagradables, ridículas...
Y gracias a mí aprendiste a conformarte con lo que la vida te da...
Soy el sentimiento de rechazo que sientes por ti mismo, y recuerda:
Todo empezó aquel día gris en que cambiaste el orgulloso "Yo soy..."
Por aquel pensamiento: "Yo debería ser...".

195

- Si miramos desde el punto de vista del corazón,
  empieza a derretirse la contradicción,
  y si quedamos ausentes, la existencia se hace presente...
- Carecer de hogar es ser libre. La calidez está en nuestro interior.
  Somos fuente de calor, por eso cuando estamos sin hogar,
  estamos en casa, amando intensamente, nunca en contra de la libertad.
  Amemos por el amor y no por amor a la persona,
  porque el objetivo es el amor...
- Vive como un guerrero, pero sin arreglos de conveniencia,
  mejor es ser vencido, que victorioso con transacciones.
  La derrota te dará dignidad, y la vida es muy misteriosa:
  a veces la victoria, es demasiado vergonzosa.
  Si hacemos del amor una amistad, que aún es más grandioso,
  que las cosas no empalmen ni se acomoden, para que haya espacio
  para explorar, construir y superar, y así surja la amistad.
- En esta Tierra debemos estar orgullosos de que nuestro planeta,
  en este universo de millones de sistemas solares,
  con millones de planetas, sea el único
  que ha llegado al florecimiento de muchas conciencias.
- Sólo el hombre es capaz de engañar a otros hombres y a sí mismo,
  y ésta es una Gran Oportunidad.
  Esto debe ser apreciado y no lamentado,
  pues otras especies no pueden ir más allá de sus límites...
  El hombre tiene el privilegio de faltar a la verdad, teniendo
  la libertad de escoger, pero cuando hay oportunidades, también
  hay peligros, y puede equivocarse, de ahí la necesidad
  de una conciencia, para cada acto, para cada sentimiento
  y para cada pensamiento.

196

Celebrando su cumpleaños número sesenta y uno, Pamela pensaba en voz alta, y le comentaba a Carolina acerca de los años vividos y pasados, respecto de los hijos, de la educación, de la sociedad, etc.:

"Lo que nuestros hijos no tuvieron fue una cultura, o un cultivar de cualidades, de pensamientos superiores, de conocimientos éticos en la propia experiencia... Y nosotras no pudimos darles lo que no teníamos, y a esto se le suma que nuestra sociedad se basa en la desdicha que pareciera ser su gran inversión.

Elegimos ser infelices como si fuese un patrón de conducta, algo normal, un hábito, y nos hemos vuelto eficaces en esto.

Nuestra mente opta por la desdicha, que es contraria a la naturaleza, y la educación, y la cultura, y los padres, y los maestros, hemos hecho un gran trabajo: Formar seres desdichados, y lo que es peor, a partir de seres creadores..." Carolina interrumpió:

"Estoy recordando que a mí me enseñaron que había una ley de causa y efecto, y que por ejemplo si sucedía algo bueno o algo malo, me hacían ver que la causa era ésa o aquella, pero no me enseñaron la ley de efecto y de causa. ¡¿Es decir que si a casa llegaba un ser querido, y el efecto era la alegría, podría ser también, que porque teníamos alegría — que supuestamente era el efecto—, venía algún ser querido a visitarnos...?!

No se trata solamente de sembrar una semilla para que luego tengamos un arbolito, sino que dejemos que haya un árbol, y tendremos luego muchas semillas..." y Pamela agregó:

"Creo que entiendo, porque si la causa es seguida por un efecto, así el efecto será seguido por una causa, y si nos hubiesen enseñado bien y hubiésemos enseñado a nuestros hijos, no solamente nuestra realidad de hoy sería más hermosa, sino que lo mágico es que el efecto depende completamente de nosotros, en cambio las causas, pueden no depender de nosotros, ¿no es así?"

"Justamente, la de antes era la ley de la Ciencia, y ésta es la ley de la Magia: en lugar de esperar a encontrar cuál era la causa de algo, si nosotras generamos el efecto, y si mañana temprano yo elijo estar todo el día contenta, no necesito esperar la causa..."

197

Había una vez, un hombre que decidió disfrutar de la vida. Creía que para eso debía tener dinero, y pensó que no existía el verdadero placer mientras era interrumpido por el indeseable hecho de dedicarse a ganar dinero, por lo que siendo muy ordenado, dividió su vida en ganar el dinero primero y en disfrutarla luego. Evaluó que un millón de dólares sería suficiente y dedicó su esfuerzo a acumular esa riqueza.

Durante años, cada Viernes, abría su libro de cuentas, sumaba y se decía que cuando llegara al millón, no trabajaría más, y comenzaría el goce y la diversión, y para no continuar queriendo más que un millón, hizo un cartel que colgó en la pared y que decía:

SÓLO UN MILLÓN...

Pasaron los años, y cada vez estaba más cerca. Un Viernes se sorprendió, pues la suma daba 999.999,75 y ¡faltaban sólo 25 centavos para el millón! Buscó hasta que en el último cajón encontró los centavos deseados. Satisfecho, cerró sus libros, miró el cartel y se dijo:

"Solamente uno..., ahora, a disfrutar." En ese momento sonó la puerta, pero el hombre no esperaba nadie. Sorprendido, fue a abrir, y se encontró con una mujer vestida de negro, quien le dijo:

"Es tu hora...", había llegado la Muerte...

"No, todavía no, no estoy preparado."

"Pero es tu hora...", repitió la Muerte.

"Hagamos un trato, he conseguido juntar un millón de dólares, llévate la mitad, y dame un año más, ¿sí?"

"No..."

"Por favor... Llévate 750.000, y dame un mes..."

"No puede haber trato..."

"¿900.000, por una semana? Tengo tanto por hacer y tanta gente a quien quiero ver, he postergado tanto..., por favor..."

Es tu hora", dijo implacable.

Y el hombre, bajando la cabeza resignado le preguntó:

"¿Tengo un minuto más?" La Muerte miró los pocos granos de arena de su reloj y le respondió que sí, entonces el hombre tomó un papel y escribió: "Quienquiera que seas:

Yo no pude comprar un día de vida con todo mi dinero; cuida lo que haces con tu tiempo, porque él es tu mayor fortuna."

198

- Todos los demás seres ya tienen la verdad,
  pero el hombre necesita buscarla, con la gloria de su libertad.
  En esa propia búsqueda, y en ese encuentro,
  están su propia gloria y la coronación de su existencia.
- La palabra objeto significa aquello que nos objeta.
  Cuando no hay objeto para observar, nuestra observación regresa,
  reconociendo en nuestro ser que la mente es una ficción...
- Muchas veces la mente se ve a sí misma fea, pues sólo nos ha dado
  ansiedades, sufrimientos, preocupaciones, y entonces
  sus garras se aflojan, empieza a perderse en las sombras,
  y poco a poco, se va alejando...
- El arte de la vida es encontrar la forma de disfrutarla, y sin elegir:
  El día viene y la noche también, el triunfo viene y el fracaso
  también. Lo que venga estará bien y será lo correcto. ¿Por qué
  preferir el día a la noche si ambos a su manera son hermosos?
- Ser espiritual es ser natural, sin culpas,
  y aceptando las debilidades.
- Si la verdad no es la tuya propia, no es verdad,
  no puedes tomarla prestada. Es la belleza del amanecer,
  de un pájaro en vuelo, del despuntar de una flor,
  de todo lo sincero, lo auténtico, lo amoroso, lo compasivo.
- El hombre es el experimento más grande de la Existencia,
  y la humanidad tiene el potencial,
  para volverse totalmente consciente.
- En la jornada real de la vida, nuestra intuición es el único maestro.
- El sexto sentido permite que evolucionemos
  a un sistema más rápido que la luz: el pensamiento.

199

Tres viejos profesionales en un bar cualquiera: "¿Qué opinas sobre lo que está sucediendo hoy con el dinero?", largó el primero de ellos.

—Yo pienso que, primeramente, el dinero es como la sangre, que fluye por todo el cuerpo sin excepción, desciende, es usada por el metabolismo, sube al cerebro, vuelve al corazón, circula a un ritmo adecuado, más o menos acelerado según el caso, y da vida a todas las células del cuerpo, completando el circuito, renovándose a medida que fluye, y si se estanca en algún lugar, si no llega a las células, ya sabes lo que sucede. La circulación de la energía monetaria en la sociedad puede ser comparada con la de la sangre, pues ningún individuo debería quedar sin la energía material que necesite, y cuando la energía monetaria no fluye correctamente es como si toda la sangre del planeta quedase envenenada.

—Para mí, desde que el dinero fue creado por el hombre, se congestionó en ciertos puntos del planeta y quedó retenido en manos de individuos que no permiten su circulación a no ser bajo ciertas condiciones, dejando gangrenar el resto.

—Yo leí que con los 500 mil dólares de un solo Tanque de Guerra, se pueden equipar 500 escuelas, y con los 20 millones de un Caza-Jet, se pueden construir 40 mil farmacias rurales, y con los 100 millones de un solo Destructor se pueden electrificar 12 ciudades y 15 zonas rurales."

—¿Es verdad que la NASA prevé la construcción un ómnibus espacial que llevará 23 kilos de plutonio radiactivo, suficiente para eliminar la vida humana del planeta?

—Yo no lo sé..., pero sí sé que poco menos de la mitad de la población mundial no sabe leer y escribir, por lo que no están informados de lo que ocurre alrededor.

—A mí me parece que deberíamos desapegarnos de todo lo conocido y obvio, y en todos los sectores, porque confundimos nuestros deseos con nuestras necesidades reales...

Nos desgastamos consumiendo, incluso las reservas naturales planetarias..., mientras las aves, comparten los granos con los cuales se alimentan, y también el agua que beben...

200

Había una vez un señor, que padecía lo peor que le puede pasar a un ser humano: su hijo había muerto.

Desde la muerte y durante años después, no podía dormir..., lloraba y lloraba hasta que amanecía.

Un día, apareció un ángel en su sueño y le dijo: "Basta ya."

—Es que no puedo soportar la idea de no verlo nunca más.

Entonces, el ángel le dijo:

"¿Lo quieres ver?" y lo tomó de la mano y lo llevó al cielo. "Ahora lo vas a ver, quédate aquí".

Y por una vereda enorme, empezaron a pasar un montón de jovencitos, vestidos como angelitos, con alitas blancas y una vela encendida entre las manos.

El hombre le preguntó: "¿Quiénes son?".

Y el ángel le respondió: "éstos son todos los jovencitos que han muerto en estos años y todos los días hacen este paseo con nosotros, porque son muy puros..."

"¿Y mi hijo está entre ellos?

"Sí, claro, lo vas a ver." Y pasaron cientos y cientos de niños.

"Ahí viene", le avisó el ángel. Y el hombre lo vio, radiante, como lo recordaba, pero había algo que lo conmovió. Entre todos, él era el único jovencito que tenía la vela apagada. El padre sintió una enorme pena y una terrible congoja por su hijo. En ese momento, el niño lo ve, va corriendo a abrazarlo, y en el abrazo el padre le dice:

"Hijo..., ¿por qué tu vela no tiene luz? ¿Es que no encendieron tu vela así como lo hicieron con las de los demás?

"Sí, claro, papá, cada mañana enciende mi vela igual que la de todos, pero ¿sabes lo que pasa? Cada noche, tus lágrimas apagan la mía..."

201

- Seamos gitanos existenciales en nuestro peregrinaje.
  No necesitamos raíces, no somos árboles, somos humanos.
  La naturaleza ya es júbilo, y no dolor y sufrimiento.
  La existencia no puede equivocarse. Si no satisface nuestros deseos,
  es porque nuestros deseos están equivocados...

- La existencia humana debería ser como un río,
  pequeño en nacimiento, corriendo por cauce estrecho,
  precipitándose luego con pasión sobre las rocas,
  para después ensancharse borrando las márgenes
  y fluyendo mansamente, despojado de turbulencias,
  para unirse al mar...

- La oración verdadera es estar agradecido;
  la religión verdadera, es el arte de cambiar
  nuestro ser inconsciente por nuestro ser consciente.

- Prepárate para ir de lo conocido a lo desconocido,
  porque lo que importa es el cambio.
  Lo nuevo será siempre mejor que lo viejo.

- Si sólo es una la Ciencia, sólo puede ser una la Religión.
  Si la Ciencia explora el mundo objetivo y la Religión explora
  el mundo subjetivo, como "ciencia" significa conocimiento,
  bastaría con una sola palabra, para conocer lo externo e interno.
  Bastaría con ciencia...

Final

- Demasiada teoría, demasiada filosofía,
  dejemos que las hojas caigan,
  abonen la tierra, y nutran las raíces...

Cantos...

Pensé que escribiría palabras de amor con su propio color,
pero tengo el color en el corazón y las lágrimas son pálidas.
Pensé que cantaría palabras de amor con su propia música,
pero esa música suena en mi corazón y mis ojos son silenciosos.
Te traigo un instrumento mudo, que forcé,
para poder llegar a una nota alta
de mi corazón, y la cuerda saltó...
Mientras los poetas se ríen de mi cuerda rota,
te pido que tomes esta guitarra
y la llenes con tus canciones.
Yo era uno de tantos, y mi vida era el oscuro afán cotidiano.
¿Por qué me escogiste entre todos y me sacaste de aquel albergue?
¿Por qué llevaste por el sol mi tembloroso amor,
destrozando su nido sombrío?
Quiero cantar una canción, pero es en vano,
la culpa es de esa sonrisa escondida que tiembla en tus labios.
Y mi voz se perdió en el silencio como una abeja ebria sobre la flor.
El amor no dicho
luce como un diamante
en la sombra del corazón, oculto.
La noche entra y se cierran las flores;
dile a mis labios que hagan silencio
a la luz de las estrellas.
Calla, corazón, sé paciente, espera la mañana.
La aurora encuentra fuerte al que resignado la espera.
Quien ama la luz, es correspondido por ella.

203

Acompaño a la aurora en su triunfal carrera,
puesto que la noche y sus temores se han disipado:
Levántate, corazón, alza tu voz y canta,
quien no acompaña al coro de la luz,
pertenece a los efectos de las sombras.
Calma, corazón, y escucha: vi y escuché a un mirlo trinar,
sobre el cráter de un pequeño volcán en erupción.
Vi a un lirio erguirse lozano sobre la nieve.
Vi a una joven danzar entre las tumbas,
y vi a un niño jugar, despreocupado y alegre, con cráneos secos.
Ayer mi alma era un árbol añoso y recio,
cuyas raíces penetraban en el fondo mismo de la tierra,
mientras sus ramas se elevaban hacia el infinito...
Mi alma floreció con la primavera y fructificó en el verano.
Cuando llegó el otoño, pude cosechar algunas frutas,
que a la vista de todos exhibí.
Pasaron hombres, comieron de ellas y siguieron indiferentes.
Me refugié a la sombra del árbol de mi alma, que crece solitario.
Apareció el alba y aquí está el cortejo de la mañana.
La noche dejó un canto para recibirla...
Es hora de ver la belleza. Cuando la miro, me veo a mí mismo,
y cuando me miro a mí mismo, lo veo a él.
Tomé una rosa con prisa y tuve miedo al jardinero.
Entonces oí su voz: "Te doy todo este jardín...".
Escucha, corazón: el cuerpo es como el río,
y el alma, el agua de la vida.
¿Cuántas veces debo decirte el olor y el color del viento?

204

¡Noche! Miras con ojos llameantes las profundidades de la vida,
eres sombra que revela las luces del misterio,
mientras que el día sólo es pálida claridad
que nos ciega con las tinieblas de la Tierra.
¡Noche! Esperanza que dilata nuestra íntima percepción
ante aquel infinito insondable,
en tanto que el día sólo es mera ilusión,
que nos detiene ofuscados,
en el mundo concreto, de medidas y cantidades.
¡Noche! Eres la calma apacible que revela en su mutismo
los secretos de espíritus vigilantes en espacios inasibles,
mientras que el día es bullicio que con incitaciones efímeras
enerva almas aprisionadas por intereses y deseos.
Tú, noche, eres justa, cuando con tus dedos invisibles
cierras los párpados de los que sufren
y levantas sus corazones hacia mundos menos crueles,
entre los pliegues de tu túnica.
Eres también protectora de los amantes,
confidente de solitarios.
A tu sombra se abre el alma del poeta,
se despierta el corazón de los artistas
y se estremece la videncia de quien medita.
Hartas mis pupilas de mirar el semblante deslucido del día,
cansada mi alma de su trato con los hombres,
te vi reír del sol, te vi volverte iracunda contra los reyes,
acostados sobre sus sedas,
y te vi custodiar la cuna de los niños.
Tu, noche, oyes en tu eterno desvelo, mis pasos que llegan,
y tu alegría se suma al alba,
y rompe en un estallido de luz...

205

Te vi elevar a grandes corazones y aplastar a espíritus mezquinos. Mis
terrores se convirtieron en dulces melodías, como el suspiro de las flores.
Mis temores se trocaron en dulce calma
semejante a la confianza de los pájaros.
Tú me elevaste a tus alturas. Me meciste en tus brazos.
Enseñaste a mis ojos a ver, y a mis oídos a escuchar,
a mis labios pronunciar, y mostraste a mi corazón, cómo amar.
Mis ideas brotaron como un río caudaloso,
deslizándose sonoro y magnífico,
arrollando en su avance a marchitos cardos.
Depositaste en mi alma la llama roja que consumió las hierbas secas.
Te tuve tal confianza, que mis anhelos se fundieron con los tuyos.
Tanto te amé, que mi yo se transformó en tu inmenso ser.
Hay astros rutilantes en mi alma,
que la pasión dispersa a la hora del crepúsculo,
siendo recogidos por el amanecer.
Hay una gran luna llena, que boga por horizontes nublados
y viaja por cielos llenos de sueños.
En mi espíritu vigilante hay quietud, y en suave estremecimiento,
propaga por tu seno el eco de las canciones.
En mi cabeza hay un hilo que vuelve siempre a zurcir la oración
de la música de los cantores...
Quiero ir lejos, a cien millas de la mente.
Quiero estar libre de lo malo y de lo bueno.
Quiero enamorarme de mí en la eterna aurora.
El alma se me vuela del cuerpo,
viendo y tocando con cada respiración...

206

La primavera está despierta, sonriente,
y prosigue el curso de su evolución hasta convertirse en verano.
Nuestra vida en este mundo no es nada más que sueños e imágenes.
Si el que está despierto supiese que está soñando, ¿tendría pesadillas?
Busco como un halcón enfermo, que está en la tierra.
No pertenezco a la gente, ni puedo volar por el cielo.
Pobre halcón, ¿cómo puede vivir con los cuervos?
Busco mi propia belleza, en el movimiento del mundo,
como la barca con su propia gracia, en el viento y en el agua.
El día de mi trabajo ha terminado...
mis manos te buscan en la oscuridad...
déjame esconder mi cara entre tus brazos...
te vi, como un niño medio despierto...
que ve a su madre en la luz del alba...
le sonríe y se vuelve a dormir...
Ellos encienden sus lámparas,
cantan sus palabras en sus templos,
pero los pájaros pían tu nombre en tu amanecer,
pues tu luz es la verdadera alegría por nacer.
La verdad levanta tormentas contra sí,
y desparrama semillas a los cuatro vientos.
Tu sol sonríe en los días de invierno de mi corazón,
y no duda jamás de las flores de su primavera.
Soy como tú, aun cuando no me corone el ocaso con nubes doradas.
Soy como tú, aunque no me corone el amanecer con tonos rosados.
Mientras los hombres para enaltecerse se comparan al día.
Soy como tú, aunque la vía láctea no me ciña su cinturón estrellado.
Soy como tú y sólo cuando mi vida se extinga,
despuntará mi aurora.

207

El hombre debe sentirse el niño que se refugia en su madre,
el joven extraviado entre su amor y su esperanza,
el hombre que vacila entre su pasado y su porvenir,
el anciano que responde por su familia,
el criminal en la prisión y el sabio entre los libros,
el ignorante entre la lobreguez de su noche y la oscuridad de su día,
el monje entre las flores de su fe y las espinas de su melancolía,
el pobre entre su amargura y su sumisión,
el rico entre su codicia y su obediencia,
el poeta entre las nieblas de su crepúsculo
y la claridad de su deslumbramiento...
Tierra, cuán bella y esplendorosa eres,
cuán completa tu obediencia al sol,
cuán inefable tu rostro velado por las tinieblas,
cuán dulces los cantos de tu aurora,
cuán pavorosos los himnos de tus crepúsculos.
Atravesé llanuras, ascendí montañas, bajé valles,
trepé tus rocas y me guarecí en tus montes,
conocí tu sueño en la llanura y tu vigor en las rocas.
Elevada en tu humildad, modesta en tu altura,
blanda en tu dureza y clara en tus secretos.
He seguido el curso de tus arroyos
y he escuchado la voz que habla en tus aguas.
He oído a los vientos cantar entre tus colinas
y a la vida dialogar en tus senderos y cuestas.
Eres la lengua y los labios de la eternidad,
las cuerdas y los dedos del tiempo.

208

Tu primavera me condujo a tus bosques donde sentí tu aliento.
Tus veranos me llevaron donde cristalizan en frutos tus esfuerzos.
Tu otoño me detuvo donde como el vino fluye tu sangre,
y tu invierno me guió hacia tu lecho donde se entibia tu pureza.

209

¡Tierra!, fragante en primavera y pródiga en verano.
Cuán grande es tu paciencia y tu afecto por tus hijos,
extraviados e ilusos, entre lo que logran y no logran,
desesperados renegando, y tú, alegre sonríes.

Dormimos y no soñamos, y tú sin dormir, siempre sueñas.
Sembramos con huesos, y tú nos devuelves álamos y sauces.
Con tus preciados elementos hacemos balas y cañones,
mientras tú creas rosas y jazmines...
Cuán eterna es tu ternura. ¿Quién eres, Tierra?
¿Acaso un grano de polvo elevado en manos de Dios?
¿Acaso una chispa escapada de la fragua infinita?
¿Una semilla arrojada a los campos del éter,
para romper su envoltura y elevarse al más allá?
¿Un fruto que el sol sazona lentamente,
o alguna fruta de la sabiduría absoluta?
¿Quién eres? ¿Mi vista, mi entendimiento, mi sed, mi hambre,
mi dolor y mi alegría?

¿Eres la belleza en mis ojos y el deseo en mi corazón?

Tú eres yo, y si yo no fuese, tú tampoco serías...
El mar bate sus tambores de alegría...
Las flores se ponen de puntillas para besarte...
Sol, levántate, porque están danzando las partículas...
El principio es el caos, y el final, la tranquilidad.
El alma es la piedra del molino,
y toda apariencia es fragmento de la piedra...

210

Sé que en el ocaso de un día,
el sol me dará su último adiós,
pido recordar que la luz besó mis pensamientos,
y que puedo llevar mi lámpara encendida,
para ver tu cara y poder entonces coronarte.
Tu sonrisa es la flor de tu campo;
tus palabras, el rumor de los álamos;
tu corazón, la luz de cada día.
Éste es el mundo de las tormentas locas,
domado por la música de la belleza...
Dios ama la luz de las lamparitas de los hombres,
más que a sus grandes estrellas.
A mis amados les dejo las cosas pequeñas,
y las cosas grandes, son para todos...
El día, con el ruido de esta tierra nuestra,
la noche, con el silencio de todos los mundos.
No debemos portarnos mal con este mundo
pues la luz del sol nos saluda sonriendo,
y la lluvia, su hermana triste, nos habla al corazón.
La hoja cuando ama se hace flor, y la flor se hace fruto, y
la raíz escondida no pide premio por llenar de frutos las ramas...
¿Qué echa a las abejas de su colmena? ¿Qué gritan sus ávidas alas?
¿Cómo oyen la música que duerme en el alma de las flores?
¿Cómo encuentran el camino de la celda donde está la tímida miel?
El canto del pájaro, como eco de la luz del alba.
La gota de lluvia, con su voz bajita, le dijo al jazmín:
"Tenme en tu corazón para siempre...".
El jazmín suspiró y se cayó al suelo, y el pájaro cantó.

211

¿Has nacido en la cuna del dolor,
y te has amamantado en el seno de la desgracia
y en la casa de la tiranía?
¿Estás ingiriendo añejo mendrugo,
mojado con lágrimas y sangre?
¿Acaso eres soldado a quien la ley del hombre,
impone dejar a la esposa e hijos
para lanzarse a la batalla a resguardar la avaricia del deber?
¿Eres quizás un poeta feliz con las migajas de la vida,
y dichoso con tu posesión de pergamino y tinta,
residiendo como forastero en tu patria,
e ignorado por tus semejantes?
Ánimo, dolientes amados, porque detrás de este mundo
hay un gran poder, que es todo justicia, misericordia y amor.
Sois como una flor que crece a la sombra,
y la suave brisa acarrea vuestra simiente,
a la luz del sol donde retornaréis a vivir en belleza.
Sois como un desnudo árbol,
que se inclina bajo las nieves del invierno.
Vendrá la primavera y extenderá su vigoroso ropaje verde,
y la verdad desgarrará el velo de las lágrimas
que ocultan vuestras risas...

La belleza se nos manifiesta sentada en el trono de la gloria,
pero nosotros nos aproximamos a ella en nombre de la lujuria,
la privamos de su pureza y la ensuciamos con depravación,
mientras el amor nos roza con un manto de dulzura.
Escapamos del amor por temor,
y hasta el hombre más sabio,
se inclina ante el peso del amor,
fugaz, como brisa festiva...

212

¡Música!, te oí en los suspiros de mi amada,
y en las palabras a medio susurrar, por sus labios.
Con los ojos de mis oídos, contemplé el corazón de mi adorada.
Eres música, idioma del espíritu, que hace temblar el amor.

Las tristes oscilaciones y los poéticos sones,
traen evocaciones placenteras al cerebro del corazón.

El hombre primitivo cantaba su gloria en soledad.
Ella agitaba el corazón de los monarcas que abandonaban su trono.
El trino del pájaro desvela al hombre de su sueño
y lo invita a integrarse a la sabiduría eterna
que ha creado el trino del pájaro.
Cuando cantan, llaman a las flores de los campos,
hablan a los árboles o imitan el murmullo de los arroyos,
y el hombre, con toda su inteligencia,
no es capaz de saber lo que canta el pájaro,
ni lo que murmura el arroyo,
ni lo que susurran las olas, ni lo que manifiesta la lluvia;
pero el corazón del hombre sí puede concebir
el valor de estos sonidos que hacen vibrar sus sentimientos,
mientras el alma y la naturaleza dialogan juntas.
Música, hija del amor, flor de la alegría e idioma de amantes.
Reveladora de secretos y madre de las lágrimas,
inspiradora de artistas y alentadora de los guerreros,
mar de ternura, nos acostumbraste a ver con nuestros oídos,
y a escuchar con nuestros corazones...
Si no te es grato el bullicio de la fiesta,
nos sentaremos mudos,
bajo el susurro de las hojas...

213

*El espíritu de los seres
se revela en los ojos, en el rostro,
y en cualquier movimiento de su cuerpo.
Enciende la llama de la gracia,
y el cirio de la sabiduría,
en la oscuridad de los errores y los vicios.
Eres fuente de la virtud,
y la desventura que te ha humillado
es la fuerza que alumbra tu corazón,
y redime tu espíritu.
El dolor afina los sentimientos,
y las alegrías sanan al corazón herido.
Si abolimos el dolor y la pobreza,
el espíritu permanece como un papel
en el que nada hay escrito.
Las lágrimas que derramas
son más castas que la risa
de quien intenta olvidar.
Lavan el flagelo del odio
y enseñan a compartir el sufrimiento.
El vigor que siembras
lo cosecharás en tiempo venidero
de amor y de igualdad.
Dios te ha otorgado un espíritu
con alas para que surques el espacio
de amor y de libertad.
Murmuras en los oídos de la rosa
un secreto cuyo sentido ella capta.
Dios hace lo mismo
con el alma del hombre.
Escribes en la superficie de las aguas,
tus lindas y tristes canciones,
y en tus alas, los tristes y desdichados
depositarán sus melancolías...*

214

¡Amor!, de tu mirada que ya no está brotó el amor en mí,
haciendo residencia en mi corazón.

Este gran amor acurrucado en mis sentimientos
ha transformado el dolor en alegría,
el desaliento en felicidad,
y la soledad, en paraíso.

El amor nuevamente ha encendido la luz;
en mis ojos inundados de lágrimas,
ha llegado la aurora y pronto aparecerá el sol.
La vida canta en nuestros silencios y sueña en nuestro dormir.
Cuando la vida habla, todos los vientos se vuelven palabras
y cuando vuelve a hablar, la sonrisa en tus labios
y las lágrimas en tus pupilas se vuelven palabras.
Cuando canta, el sordo oye y queda extasiado,
y cuando camina, el ciego contempla atónito y maravillado.
Cuando llegue tu primavera se derretirá la nieve de tu corazón
y correrá tu secreto por riachuelos buscando el río de la vida
y el río encerrará tus secretos y los llevará al gran mar.

Cuando el sol muestra su rostro,
y se levanta por encima del horizonte,
¿qué armonía helada no se torna en fluida melodía?
A mí me ha tocado servirte, cantándote.
En mis canciones he hecho hablar a tus flores.
He dado compás a tus hojas.
Las primeras lluvias y el ondular de las cosechas,
se han metido en mis cantares
y unen sus acentos
para querer saludarte.

215

*Pensemos en un corazón con todos nuestros corazones,
en un amor que abarca todos nuestros amores,
en un espíritu que envuelve todos nuestros espíritus,
en una voz que encierra todas nuestras voces
y en un silencio más profundo que todos nuestros silencios.*

*¿Quien alimenta a las avecillas en su nido
si la madre vuela hacia el cielo?
¿Qué anémona en el campo puede cumplir su destino
si no es desposada por una abeja de otra anémona?*

*Sólo el desnudo vive al sol,
el sencillo cabalga en el viento,
el que pierde mil veces su camino
tiene una grata bienvenida,
el sin timón navega en el mar grande,
y el unido a la noche despierta con la aurora...
Ojalá yo fuese un árbol sin flor y sin fruto
porque el dolor de la abundancia
es más amargo que el de la infecundidad,
y la tristeza del rico de quien nadie quiere tomar
es mayor que la aflicción del mendigo a quien nadie quiere dar.
Ojalá yo fuese un pozo seco y abandonado
dentro del cual los hombres tirasen piedras
porque sería mejor soportar pedradas
que ser manantial de agua vivificante
de la que nadie quiere beber.
Ojalá yo fuese una caña pisoteada
porque sería mejor que una lira de cuerdas plateadas,
en casa de un dueño sin dedos
y con hijos sordos.*

216

Ser es ser sabio sin ser extraño al ignorante,
es ser fuerte sin menoscabo del débil,
es jugar con los niños como compañeros para aprender,
es ser sencillo y bueno con los ancianos,
es buscar al poeta aunque viva lejos,
es saber que el santo y el pecador son gemelos,
es seguir la belleza aunque conduzca al precipicio,
es ser un jardín sin muros, un viñedo sin guardias,
es ser un tesoro escondido pero a la luz.

Ser es ser robado, burlado, engañado y atrapado
y a pesar de ello mirar desde la altura y sonreír,
es ser un tejedor de la luz y del espacio,
un labrador que esconde la semilla que siembra,
es ser el más grande uno mismo,
y seguir el camino cantando,
pero que cada canción sea breve,
porque sólo los cantos que mueren
en cuanto asoman a los labios,
viven siempre en el corazón humano.
Ser es ser sordos al oír al crítico de defectos ajenos,
es ser senderos que se cruzan con otros,
donde leones y liebres caminan juntos.

Ser es juntar las variadas tristezas
y enterrarlas en el jardín,
para que cuando llegue la primavera,
los vecinos vean las variadas flores y digan:
"Cuando vuelva el otoño, ¿no darías las semillas de esas flores
para tenerlas también en nuestros jardines?"
Ser es no ser callados, pero cantar siempre en voz baja.
Ser es dejarnos estar en el jardín y en la primavera.

217

Yo camino siempre estas playas, entre arena y espuma.
La marea borra mi rastro y el viento borra la espuma,
pero el mar y la playa serán eternos.
Una vez llené mi mano de neblina,
luego la abrí y la neblina se había convertido en gusanito.
La cerré y la abrí otra vez, y vi un pájaro.
Nuevamente cerré y abrí mi mano, y había un hombre triste.
La volví a cerrar, y cuando la abrí, sólo había neblina,
pero oí un canto de especial dulzura.
Ayer pensé que yo era un fragmento vacilante
sin ritmo en la esfera de la vida,
y ahora sé que soy la esfera
y que toda mi vida se mueve
en rítmicos fragmentos dentro de mí.
Una vez conocí a un hombre de oído excesivamente sutil,
pero era mudo, había perdido su lengua en una batalla.
Ahora sé cuántas batallas sostuvo
antes de que el gran silencio llegara.
Mi casa me dijo: "No me abandones porque tu pasado habita en mí".
El camino me dijo: "Ven y sígueme porque soy tu futuro".
Yo les digo a ambos: "Si me quedo aquí, hay una ida en mi quedar,
y si me voy allá, hay un quedarme en mi ida,
porque sólo el amor y la muerte cambian todo".
Es maravilloso trasladarse a un lugar nuevo cada día.
Es maravilloso fluir cuando todo se fue con el ayer.
Las palabras chispean como luciérnagas, por mi corazón,
en el crepúsculo de la desesperanza,
y es momento de decir algo nuevo.

218

*La verdad de otra persona no está en lo que te revela
sino en lo que no puede revelarte, por eso para entenderla,
no escuches lo que dice, sino lo que calla.
Mi soledad nació cuando los hombres
alabaron mis defectos y condenaron mis virtudes.
Si abrieran sus ojos y miraran, contemplarían sus imágenes,
y si abrieran sus oídos y escucharan, oirían sus propias voces.
Si tienes vocación para escribir debe estar en ti
el ritmo de la música de las palabras,
el arte de la sencillez y la magia de amar a tu lector.
Si cantas la belleza,
hallarás quien te escuche aunque estés en el desierto.
La inspiración siempre cantará, jamás explicará.
Dos son los que violan las leyes humanas: el loco y el genio,
y ambos son los más cercanos al corazón de Dios.*

*Verdaderamente justo es aquel que siente el pesar
de la mitad de las faltas que otro cometió.
¿Quién dijo que murió un hombre inmortal, y
quién dijo que se nubló el sol tras las nubes?
Todo es verde alrededor, hay flores por todas partes.
Todas las partículas sonríen con reflejos de belleza,
y la amante y el amado están unidos por todas las partes.
Todo lanza destellos y no hay manera de estar sin ti;
el sufrimiento del amor llena mi corazón,
y este volar por los cielos une las alas en el nido.*

219

Sé como el sol para la gracia y la piedad.
Sé como la noche para cubrir el defecto ajeno.
Sé como corriente de agua para la generosidad.
Sé como la muerte para el miedo y el odio, y
sé como la tierra para vivir la modestia.
Las palabras se amontonan y se extienden por mi corazón
y cada una de ellas me pide ser la primera en salir.
Me hice medido al medir tu amor.
Me hice llevado al llevar tu amor.
No como de día, no duermo de noche.
Para ser tu amigo, me hice mi enemigo.
Si quiero mencionar a alguien, ha de ser a ti.
Si abro mi boca, es para hablar sobre ti.
Si soy feliz, es por tu causa.
Si tengo algún conocimiento, lo aprendí de ti.
Si pudiese liberarme, el secreto se abriría a mí.
El que busca en un jardín, te ve.
El que piensa en el vino y en la vela, te ama.
Si dicen que el sueño es el alimento del cerebro,
¿quién ha visto a un amante cuidando de su cerebro?
Las heridas que me produces
son mejores que los cuidados de los demás.
Tu codicia es más graciosa
que la generosidad de los demás.
Tu maldición es más deseada
que las alabanzas de los demás.
Primero me mimaste con mil favores,
después me fundiste con mil dolores
y por último me sellaste con mil amores.

220

Todo lo que aparece son imágenes y sombras.
Esta magnífica mentira no llega a la magnífica verdad,
pues lo conocido existe sólo a causa de lo desconocido.
Yo soy un río, y tú eres mi sol,
voy tras de ti sin viento,
soy la aguja y tú eres la brújula,
soy el descanso de la vida,
que va rodando en el fluir de su música.
El anhelo pinta los colores del arco iris,
en la niebla de la vida,
y el amor del universo,
está siempre cubierto...
Aunque seas un esclavo detrás de aquel telón,
cuando pases a este lado, verás que eres un rey.
El sufrimiento es el destino de los hombres,
y lo que digas, vendrá de las comparaciones,
pero si no puedes desnudarte, no entres en este río...
Razón, márchate. Aquí no hay ningún sabio,
no hay sitio para ti,
y cualquier candela que enciendas,
pasará vergüenza ante la luz del sol.
Pájaros perdidos del verano vienen a mi ventana,
cantan, y se van volando.
Hojas amarillas de otoño que no saben cantar,
aletean y caen en ella, en un suspiro.
La flor abre su vuelo al sol de la mañana,
y la abeja zumba al oído del jazmín temprano.

221

Quien no está desligado, no puede estar en unión,
porque la unión, es la verdadera autoanulación.
Cuando te hice daño, aunque no lo sabía,
me acerqué más a ti.
Cuando orgullosa luché contra tu corriente,
fue sólo para sentir tu fortaleza en mi pecho.
Cuando apagué en rebeldía las luces de la casa,
tu cielo me sorprendió con hermosas estrellas.
Fuego, hermano mío, a ti va mi canto de victoria,
eres la imagen viva de la libertad meciendo tus brazos,
y corres tus dedos por las cuerdas de la guitarra,
meciendo la hermosa música de tu danza.
Da las gracias a la llama, por su luz,
mas no te olvides de la lámpara, paciente,
que siempre está en pie, en el rincón y a la sombra.
Tal vez hayas oído hablar de la montaña sagrada.
Es la montaña más grande del mundo.
Si llegas a su cumbre, sólo tendrás un deseo:
descender y morar con los que viven en el valle.
Por eso la llaman la montaña sagrada.
El pez es mudo en el agua.
La bestia es ruidosa en la tierra.
El pájaro es cantor en el aire.
Y el hombre tiene la música del aire,
el alboroto de la tierra
y el silencio del mar...
Tú que tienes el corazón como un océano,
juega y usa tus corales y tus perlas.

222

Los niños hacen casitas de arena y juegan con caracoles.
Sus barcos son una hoja seca y los botan sonriendo.
Los niños juegan en las playas de todos los mundos.
No saben nadar ni saben echar la red,
mientras el pescador de perlas se sumerge,
en las vastas profundidades marinas,
y el mercader navega en sus navíos.
Los niños escogen piedrecillas y las vuelven a tirar.
No buscan tesoros ocultos ni saben echar la red.
El mar juega con los niños,
luciendo su sonrisa en la arena.
La tempestad vaga por el cielo, sin caminos,
y los barcos naufragan en el mar sin rutas.
La muerte anda suelta, y los niños juegan
en las playas de todos los mundos...

No llores hijo mío, qué malos son quienes te regañan.
Te han llamado sucio porque escribiendo
te manchaste de tinta los dedos y también la cara.
¿Se atreverían a llamar "sucia" a la luna nueva?
Rompiste tu ropa jugando, y
¿qué le dirían a la mañana de otoño
cuando sonríe detrás de nubes rajadas?
No les hagas caso por lo goloso que eres.
¿Te llaman tragón, y no les da vergüenza?
¿Cómo nos llamarían a nosotros,
que por gustar tanto de ti,
te comeríamos a besos?
Yo sé mejor que nadie las faltas de mi niño,
y no lo quiero porque es bueno,
sino porque es mi niño.
¿Cómo puedes saber tú, el tesoro que él es,
si pesas sus méritos de acuerdo con sus faltas?

223

Mujer, no eres sólo obra de Dios...
Los hombres te están creando eternamente,
con la hermosura de sus corazones
y sus ansias han vestido de gloria tu juventud.
Por ti, labra el poeta su tela imaginaria,
el pintor regala a tu forma nueva inmortalidad,
para hacerte más preciosa...
El mar da sus perlas y la tierra da su oro,
sus flores y los jardines del estío.
Eres mitad mujer y mitad sueño.
Te alabo porque con una mirada
puedes robar al arpa su rica melodía,
sin siquiera escuchar sus canciones.
Me conmueves, porque esos brazos,
cuya hermosura dieron gloria a un rey,
son esclavos diarios de tu humilde hogar.
Amor, llenaré tu corazón de mi silencio.
Tu voz se derramará por todo el cielo.
Tus palabras volarán cantando.
Tus melodías estallarán en flores
por mis profusas enramadas.
El aire del campo no me contesta,
los pájaros se paran y me miran,
digo tu nombre en mi soledad callada,
sentado a la sombra de mis pensamientos.
Hablaré sin palabras y sin razón,
como un niño que llama a su madre
cien veces, contento, por decir mamá.
Como las gaviotas y las olas nos encontramos y nos unimos.
Las gaviotas se van volando y las olas se van rodando...

224

Deja ya ese pasar y repasar rosarios...
¿a quién adoras en ese oscuro rincón solitario?
Abre tus ojos, y verás a Dios,
donde el labrador cava la tierra dura,
donde el picapedrero pica la piedra,
está con ellos en el sol y en la lluvia.
Quítate ese manto sagrado,
baja al terreno polvoriento.
¿No lo ves atado en alegría a la Creación?
¿No lo ves atado a todos nosotros?
Deja tantas flores y tanto incienso.
Haz que tu ropa se manche,
encuéntralo, y ponte a su lado.
Yo espero ese amor que recoge los fracasos
y los siembra llorando en la oscuridad,
para que den fruto cuando el día se levante.
Me has hecho grande con tu amor,
a favor del capricho del mundo,
y la gente no ve que mi ser
se hizo precioso siguiendo tu rumbo.
Me siento una con el agua del arroyo,
mi amor se derrite en el aire que canta,
siendo yo el engarce de oro,
y tú, aquella hermosa esmeralda.
Suelta tu guitarra y deja libre tus brazos,
tus besos serán el perfume encerrado en un capullo,
nuestros corazones temblarán en ráfagas de silencio,
las estrellas brillarán y el mundo irrumpirá en la vida...

225

¿Habrá en esta ciudad alguna casa cuyo portal se haya abierto
al sol de la aurora y se haya cumplido el mensaje de su luz?
¿Habrá algún corazón que haya encontrado esta mañana
en las flores abiertas el don que estaba en camino?
Esos ojos claros tuyos los veré como estrellas y
sentiré que fueron de un olvidado cielo en una vida anterior.
Sabré que el encanto de tu rostro no será todo tuyo,
que robó la luz apasionada de mis ojos en un encuentro,
y cobró de mi amor, un misterio, que olvidó su origen.
Si lo inmortal no vive en el corazón de la muerte,
si la sabiduría no florece rompiendo la cárcel del dolor,
si el orgullo no aplasta la carga de sus honores,
¿de dónde viene la esperanza que nos lleva como estrellas
a precipitarnos en la luz de la mañana?
Las frutas vienen a mi huerta empujándose unas a otras.
Siéntate a la sombra y arranca las maduras
para que ofrezcan a tus labios su carga de dulzura.
Las mariposas revuelan al sol y las hojas tiemblan,
mientras los frutos clamorean, ansiosos de perfección...
Sueño estando en la isla de luz de una estrella
donde naceré un día,
y mi vida madurará su obra,
como maduran los campos de arroz
con el sol del otoño.
Espíritu de belleza, ¿cómo pudiste tú,
que haces rebozar de tu claridad el cielo,
esconderte tras la diminuta llama de la vela?
Cuando estén afinadas, maestro, todas las cuerdas de mi vida,
cada vez que tú las toques, cantarán mejor...

226

Cuando estoy tranquilo, quiere que chille,
cuando chillo, quiere que esté tranquilo;
cuando estoy en calma, quiere que esté efusivo,
cuando tengo paz, me pide pasión,
y cuando estoy apasionado, me pide paz...
Te lastimo porque te curo,
te castigo porque te amo.
Si cierras la puerta a los errores,
dejas afuera a la verdad, pues
lo más grande va sin dificultad con lo pequeño.
Únicamente lo mediocre es lo que va solo.
¿Piensas que éstas son mis palabras?
No, son los sonidos del girar de una llave...
Escalé la cima de la fama y no hallé albergue en su altura estéril.
Llévame al valle de la quietud donde grana la dorada sabiduría.
El desierto terrible arde por amor a una yerbita,
ella le dice que no, se ríe y se va volando.
"¿Ves como nosotras, las hojas rumorosas,
sabemos responder a la tormenta?
¿Quién eres tú, tan callada?"
"Yo no soy más que una flor..."
El pájaro quisiera ser nube, la nube quisiera ser pájaro.
Hierba, tus pasos son pequeños, pero tienes esclava a la tierra.
Las hierbas buscan muchedumbre en la tierra,
mientras el árbol busca su soledad en el cielo.
¿Qué esperas luna? "Al sol, para dejarlo pasar..."

227

Si tú quieres, dejaré de cantar;
si te asusto, quitaré mis ojos de tu cara;
si te fastidio, me alejaré por otra senda;
si te interrumpo cuando juntas flores,
no iré más a tu jardín...
Cada niño que viene al mundo
nos dice que aún se espera del hombre,
y el fruto, está escondido en el corazón de la flor...
La nube esperaba humildemente, en un rincón del cielo,
y la mañana la coronó, con su color y esplendor.
Sumergí el cáliz de mi corazón en una hora de paz,
y lo levanté lleno de amor.
El amor es la vida llena, igual que una copa de vino.
El río de la verdad, va por los cauces de las mentiras.
He besado al mundo con mis ojos y mi ser
Lo he guardado infinitamente en mi corazón
Lo he llenado día y noche con sentimientos
Hasta que él y mi vida, se han unido.
La muerte está en la vida, como el andar,
que alza un pié y lo vuelve a la tierra.
Las raíces son ramas bajo tierra
y las ramas, raíces en el aire.
No hables; los nidos de los pájaros, callan.
Enciéndeme la estrella del descanso,
y que la noche me hable bajito...

228

Déjame ir por tu reino, atenta a tu llamada;
no permitas que me pierda en la languidez
y que mi vida se gaste.
No dejes que me disperse por los caminos
con el afán de lo mucho,
y haz que obtenga el valor y el orgullo de servirte.
Cuando vivías solo, ningún mensaje llevaba el viento.
Vine yo, y conociste el dolor y la alegría.
Mis ojos se nublan de vergüenza, mi pecho palpita de temor.
Mi rostro está velado llorando, por no poder verte.
Conozco la sed de tu corazón, que llama a mi puerta cada día.
Cuando pensé hacer tu imagen con mi vida para que la adoren,
te di mis ilusiones y mis sueños de colores.
Cuando te pedí que hicieras con mi vida la imagen de tu corazón,
para que la amaras, me diste tu fuego, tu verdad y tu paz.
Yo sé, amado mío, que estas nubes ociosas por el cielo,
que esta brisa pasajera en mi frente
y que este fruto nuevo en el árbol
no son más que tu mensaje y tu amor.
Trata de ser como la mañana enredada en la niebla.
Ya has vigilado bastante la cosecha de tus años cansados;
déjala, y que te quede el desolado triunfo de tu verdad.
La muerte se traga los pecados como el mar el fango de los ríos.
Ella te mira con ternura, como un padre a su niño dormido.
Deja que te lleve como el río a la flor, para ofrendarla al mar.
Las nubes están incendiadas y el cielo es un diluvio revelador...

FIN